手島郁郎

ロマ書講話 上巻

ΠΡΟΣ ΡΩΜΑΙΟΥΣ

13 οὐ θέλω δὲ ὑμᾶς ἀγνοεῖν,
ἀδελφοί, ὅτι πολλάκις προ-
εθέμην ἐλθεῖν πρὸς ὑμᾶς, καὶ
ἐκωλύθην ἄχρι τοῦ δεῦρο,
ἵνα τινὰ καρπὸν σχῶ καὶ ἐν
ὑμῖν καθὼς καὶ ἐν τοῖς λοιποῖς
ἔθνεσιν. 14 Ἕλλησί τε καὶ
βαρβάροις, σοφοῖς τε καὶ ἀνο-
ήτοις ὀφειλέτης εἰμί· 15 οὕτω
τὸ κατ᾽ ἐμὲ πρόθυμον καὶ ὑμῖν
τοῖς ἐν Ῥώμῃ εὐαγγελίσασθαι.
16 Οὐ γὰρ ἐπαισχύνομαι τὸ
εὐαγγέλιον τοῦ Χριστοῦ·
δύναμις γὰρ Θεοῦ ἐστιν εἰς
σωτηρίαν παντὶ τῷ πιστεύοντι,
Ἰουδαίῳ τε πρῶτον καὶ Ἕλ-
ληνι. 17 δικαιοσύνη γὰρ Θεοῦ ἐν
αὐτῷ ἀποκαλύπτεται ἐκ
πίστεως εἰς πίστιν, καθὼς
γέγραπται· *ὁ δὲ δίκαιος ἐκ*
πίστεως ζήσεται. 18 Ἀποκαλύ-
πτεται γὰρ ὀργὴ Θεοῦ ἀπ᾽ οὐ-
ρανοῦ ἐπὶ πᾶσαν ἀσέβειαν

手島郁郎文庫

ギリシア語から聖書をひもとく手島郁郎（代々木幕屋）

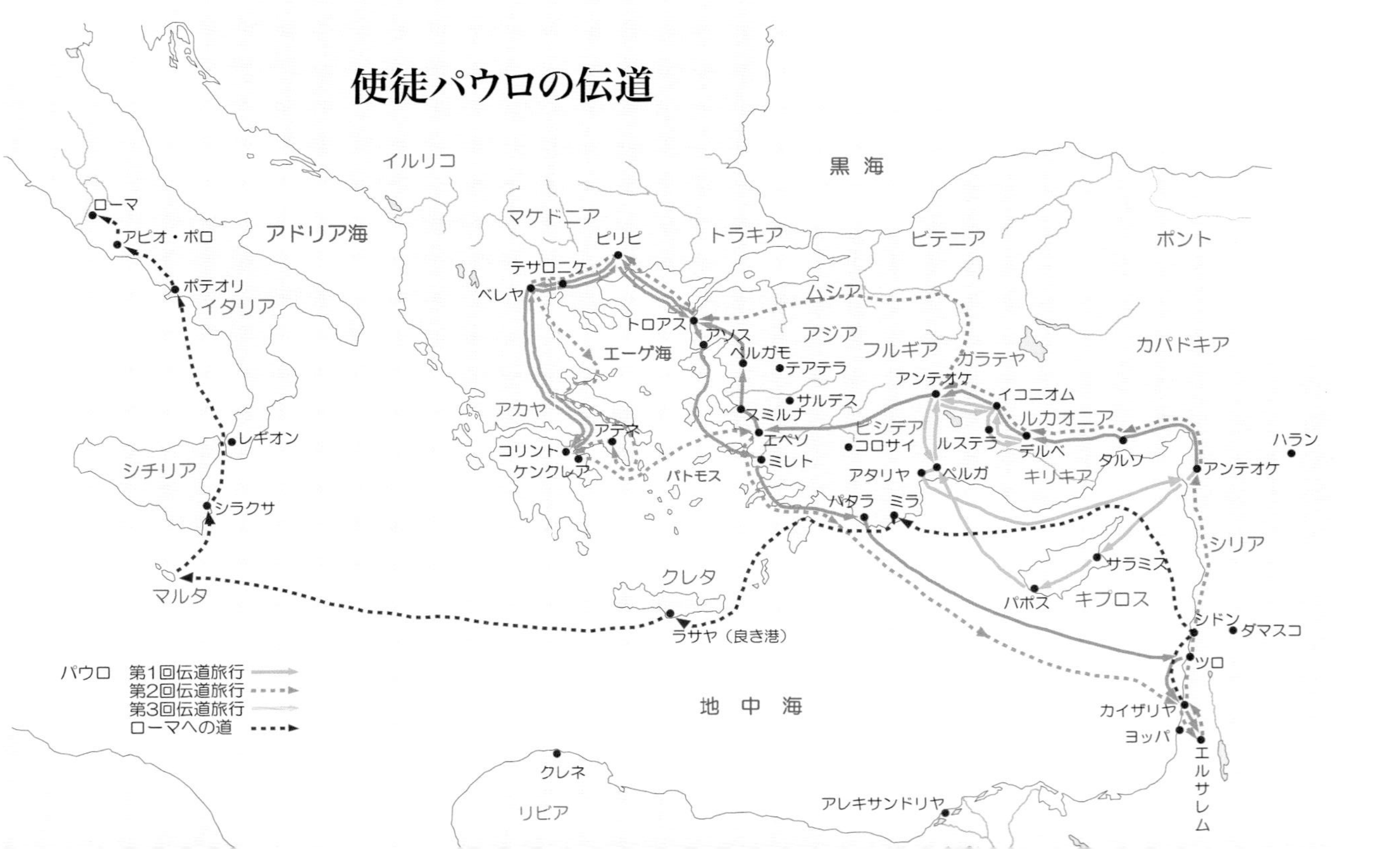
使徒パウロの伝道
イルリコ
黒 海
ローマ
アピオ・ポロ
アドリア海
マケドニア
ピリピ
トラキア
ビテニア
ポント
テサロニケ
ベレヤ
ポテオリ
イタリア
ムシア
トロアス
アソス
アジア
ペルガモ
テアテラ
フルギア
ガラテヤ
カパドキア
エーゲ海
アンテオケ
イコニオム
サルデス
アカヤ
スミルナ
ルカオニア
アテネ
ピシデア
レギオン
エペソ
コロサイ
ルステラ
デルベ
タルソ
ハラン
コリント
ケンクレア
ミレト
シチリア
パトモス
アタリヤ
ペルガ
キリキア
アンテオケ
パタラ
ミラ
シラクサ
シリア
サラミス
クレタ
マルタ
パポス
キプロス
シドン
ダマスコ
ラサヤ（良き港）
ツロ
パウロ　第1回伝道旅行
第2回伝道旅行
第3回伝道旅行
ローマへの道
地 中 海
カイザリヤ
ヨッパ
エルサレム
クレネ
アレキサンドリヤ
リビア

――序に代えて――

信仰の実を結べ

伝道は、ただキリスト教の教理や教訓を説くことではありません。

ロマ書を読みますと、次のように書いてあります。

「わたしは、あなたがたに会うことを熱望している。あなたがたに霊の賜物《たまもの》を幾分《いくぶん》でも分《わ》け与《あた》えて、力づけたいからである。……兄弟たちよ。このことを知らずにいてもらいたくない。わたしはほかの異邦人《いほうじん》の間で得たように、あなたがたの間でも幾分かの実を得るために、あなたがたの所に行こうとしばしば企《くわだ》てた」（ロマ書一章一一～一三節）

パウロはここで、わざわざローマまで伝道に出かけ、霊の賜物（カリスマ）、すなわち信仰の結ぶ実を得たかったと言っています。

伝道は、福音が伝えられた人の胸《むね》の中に芳《かんば》しい霊の賜物《たまもの》が実を結ぶことです。それは愛、希望、信仰、知恵《ちえ》、知識、また奇跡《きせき》的な力や異言《いげん》、預言といった、普通の人とは違《ちが》ったカリスマです。これはまた、私たちが多少とも経験しているところであります。この原始福音に触《ふ》れるまではつまらない毎日を送っていた者が、ある時から霊の賜物が身内に実を結びはじめると、どうしてこんなに変わっただろうか、尊《とうと》い人生を歩きはじめただろうか、と聖名《みな》を賛美して喜ばれる。このような実を結ばせることが伝道の目的です。

パウロはそのためにローマに行こうとしました。

人は、口では「キリスト教」と申します。だが、ほんとうに御霊《みたま》の実を結んでいるかどうか。そのことを問うことが必要です。霊的な賜物という実を結ばない、花が咲《さ》かない魂であったなら、何と味気ない信仰生活でしょうか。

私たちは、豊かな御霊の実を結ぶ信仰を培《つちか》いとうございます。

一九六八年八月

手島郁郎

ロマ書講話　上巻

目次

目　次

――序に代えて――　1
第一講　福音のために選び別たれた者　8
第二講　聖霊の賜物を分け与える伝道　27
第三講　信仰による義人は生きる　48
第四講　福音の中に現れる神の義　67
第五講　神の慈愛が悔い改めに導く　89
第六講　今や贖いの時代　116
第七講　キリストの血にある贖い　136

第八講　無から有を呼び出す神……157
第九講　栄光の希望の門……186
第一〇講　聖霊により注がれる神の愛……203
第一一講　キリスト族の発生……222
第一二講　罪に対する免疫抗体……245
第一三講　罪の僕か、義の僕か……259
第一四講　律法の束縛を断つもの……276
第一五講　死生転換のバプテスマ……297
第一六講　人間に働く二つの力……316
編者あとがき……341

ロマ書講話　上巻

手島郁郎

〔第一講　ロマ書一章一～四節〕

1キリスト・イエスの僕《しもべ》、神の福音のために選《えら》び別《わか》たれ、召《め》されて使徒となったパウ
ロから――2この福音は、神が、預言者たちにより、聖書の中で、あらかじめ約束され
たものであって、3御子《みこ》に関するものである。御子は、肉によればダビデの子孫から生
れ、4聖なる霊によれば、死人からの復活により、御力をもって神の御子と定められた。
これがわたしたちの主イエス・キリストである。

第一講

福音のために選《えら》び別《わか》たれた者

ロマ書一章一〜四節

ロマ書は、初代キリスト教会において最大の伝道をいたしました使徒パウロが、まだ見ぬローマのクリスチャンに宛《あ》てて書きました手紙であります。

新約聖書の使徒行伝を読んでみますと、パウロは哲学《てつがく》の都アテネにおいて、人々に知的に訴《うった》える伝道をして失敗し、孤影悄然《こえいしょうぜん》とコリントにやって来ました（使徒行伝一七、一八章）。当時のコリントは、人口およそ五、六十万人の世界的な大都会でした。

パウロはその時の心境を、

「わたしがあなたがたの所に行った時には、弱くかつ恐《おそ》れ、ひどく不安であった。そして、わたしの言葉もわたしの宣教《せんきょう》も、巧《たく》みな知恵《ちえ》の言葉によらないで、霊と力との証明によったのである」（コリント前書二章三、四節）と記しております。

コリントの遺跡

このコリントで一年半の間、天幕職人として働きながら、パウロは必死な気持ちで神の言《ことば》を伝えました。彼に偕《とも》なりたもうキリストの霊も躍如《やくじょ》と働いて、伝道の成果を上げることができました。

なおその後、小アジアのエペソで二年余り伝道し、初代教会の基礎《きそ》を築いております(使徒行伝一九章一～一〇節)。

エペソから再びギリシアに向かったパウロは、コリントで冬の三カ月を過ごし(使徒行伝二〇章三節)、その時にこのロマ書を書いたと思われますから、紀元五五、六年頃《ごろ》の著作《ちょさく》と推測されます。

その頃、心身ともに充実《じゅうじつ》したパウロは、なんとかしてローマに行きたいと願っておりました。なぜローマに行きたかったのかということについて、次のようなことが書いてあります。

「（パウロはコリントで）アクラというポント生れのユダヤ人と、その妻プリスキラとに出会った。クラウデオ帝《てい》が、すべてのユダヤ人をローマから退去させるようにと、命令したため、彼らは近ごろイタリアから出てきたのである。パウロは彼らのところに行ったが、互《たがい》に同業であったので、その家に住《す》み込《こ》んで、一緒《いっしょ》に仕事をした。天幕造りがその職業であった」

（使徒行伝一八章二、三節）

このアクラ、プリスキラ夫婦《ふうふ》は、ローマを去る前にすでにクリスチャンになっていたと思われますが、パウロに出会って、なお一層《いっそう》信仰の共鳴共感を覚えずにおられなかった。この二人からローマの状況《じょうきょう》を聞くと、「住み慣れたローマを強制退去させられて、はるばるコリントに落《お》ち延《の》びてきた」と言います。

当時、ローマ市内に数万人のユダヤ人が住んでおったという説がありますが、パウロはこういうことを聞くと、ローマにおる自分の同族であるユダヤ人がどんなに苦しいだろうかと思い、たまらない気持ちになったのではないか。それで、「われ、必ずローマを見るべし」（使徒行伝一九章二一節）と言って願うほど、ローマに福音をもっていって彼らを慰《なぐさ》めたいと考えたのでしょう。

信仰の入門書としてのロマ書

キリストの福音が、どういう人を通して、あるいはどういう経路をたどって、当時の世界の中心でありましたローマの都に伝わったのか。それはよくわかっていません。とにかくローマにはすでにキリスト教が伝わっていました。だが、霊的なカリスマ的クリスチャンが起きることを目標に伝道したパウロの目から見て、その信仰はまだ幼稚《ようち》というか、本物ではないと映《うつ》った。

今の神学校の先生たちは、ロマ書がわかったら信仰はわかったのだ、もう卒業したのだという式に「ロマ書、ロマ書」と言います。けれども私から言わせれば、ロマ書は信仰の入門書なのであって、パウロはそんなに深い信仰者に宛《あ》てて書いてはおりません。

もちろん信仰ですから、同じといえば同じです。しかし、もっと優《すぐ》れたエペソ書とかコロサイ書、ピリピ書というのは、パウロが晩年《ばんねん》に、信仰の深い人たちを相手にして書いたものです。またコリント前後書は、自分が伝道したけれども、その後、信仰が変質した人たちに対して、「あなたたち、間違《まちが》っちゃいないか」と言って書いている。

信仰の程度を言うなら、ロマ書とガラテヤ書は初歩的な信仰を説いたという意味で、同じ程度のものです。

ガラテヤ書は、パウロが直接伝道し、よく知っている人たちに宛《あ》てて書いています。けれどもローマのクリスチャンはまだ見ない人たちです。そのためパウロは、自分が行く前にこれを読んでおいてほしいと言って、このロマ書を書いています。

それで、これはあくまで入門書です。しかし、入門書がわからなくて、なお先がわかるはずはありません。ですから、やっぱりこのロマ書を読むということは大事です。

ロマ書に関しては、数多くの注解書が出ております。しかし私は、ほとんどそういった本を読みません。どうしてかというと、ロマ書はそんなものだろうか、と疑問《ぎもん》をもつからです。

パウロは、ロマ書を神学の書として書いたのではありません。これはローマにいる兄弟たち、聖徒たちの信仰を励《はげ》ますために書いたのであって、宗教哲学《てつがく》の論文《ろんぶん》を書いたのではないんです。

私も過去において、ロマ書に関するいろいろな本を読んだりしましたけれども、ほとんど感心しません。そんな中で、内村鑑三《かんぞう》先生の『ロマ書の研究』は良いと思いました。

それで私は、自分で感ずるままに、皆さんがたと毎週一章ずつ読んでゆこうと思います。

大事なことは、ロマ書の信仰的な精神を汲み取《く》《と》ることにありまして、文字の釈義《しゃくぎ》をすることは、私たちにそう必要ではないからです。

それでは読んでゆきます。

風変わりな自己紹介《じこしょうかい》

キリスト・イエスの僕《しもべ》、神の福音のために選《えら》び別《わか》たれ、召《め》されて使徒となったパウロから。

（一章一節）

原文は、「パウロは」という字が最初に出ております。彼の元の名前はサウロですが、ある時から改名しましてパウロと名乗るようになりました。まだ見ない人たちに初めて手紙を送るのですから、自己紹介の必要があります。その自己紹介がなかなか変わっています。

「キリスト・イエスの δοῦλος《ドゥーロス》（奴隷《どれい》）であるところのパウロ」と書き出しております。実際は、パウロは奴隷ではありません。ローマの市民権《しみんけん》をもつ、名門出のれっきとした自由市民です。しかし彼は、奴隷だと言う。奴隷は主人の所有物でありまして、当時最も卑《いや》しい階級の者です。値段《ねだん》をつけられて人身売買されたり、あるいは戦争で捕虜《ほりょ》となって奴隷にされたりしました。奴隷には自由がありません。また自分の物とて何もありはしません。

パウロは、「キリスト・イエスが私の主人であって、私はその奴隷、何ももっていない者」という自覚をもっている。これは素晴《すば》らしい宗教的な自覚だと思います。

こういうことを、公然と手紙に書いて出すだけでも、パウロという人がなかなかの人物だったことがわかります。もし、世界の宗教史上の人物列伝というものがあるならば、パウロは第一級の人物です。キリスト・イエスに次ぐ人物はパウロだと私は思うんです。

聖書をずっと読んでみますと、ずいぶん優《すぐ》れた預言者たちがいます。しかしパウロは第一です。ほんとうに優れた神の使徒でした。そのことを、つくづくと私は感じます。ユダヤ人は、このような優れた宗教的人物が自分たちの中から出ましたけれども、パウロを嫌《きら》います。それは、彼がユダヤ教の律法《りっぽう》を捨《す》てて、キリスト教という新しい宗教を打ち立てたと思われるからですが、それは偏見《へんけん》です。もう先入主になってしまっている。けれどもパウロは、ユダヤ人から嫌われても、キリストの僕《しもべ》として一筋《ひとすじ》に生きました。

彼は、「自分は奴隷《どれい》だ」と言って平気でした。今の時代は、「あの人は謙遜《けんそん》に自分を僕と言う」と思うかもしれません。けれども、当時の観念においては決して謙遜ではないんです。これは、ほんとうに自分を卑《いや》しめた言葉です。それくらいキリストがパウロのすべてでした。

何ももっていないということは偉大《いだい》です。何か少しばかりもっているものを見せようとして生きている人間が多いときに、私は何ももっていない奴隷だと言ってはばからないパウロ、さすがです。

親鸞上人《しんらんしょうにん》は自分を「愚禿《ぐとく》」、愚《おろ》かな禿頭《はげあたま》と称《しょう》してはばかりませんでした。人からどんなに馬鹿《ばか》にされても、それでも宗教に生きる喜びのゆえに平気なものです。私たちもこの気持ちにあやかりたいと思います。

異邦人《いほうじん》の使徒パウロ

キリスト・イエスの僕《しもべ》、しかも「召《め》されてαποστολος《アポストロス》（使徒）となったパウロから」とあります。あの人は使徒的人物だ、と言われると、とてもいいことのようですが、パウロは決してそのような意味では言っておりません。もちろん自分の使命を尊《とうと》んではおりますが、アポストロスとは「使者」、悪く言えば「メッセンジャー（使い走り）」という意味です。

イエス・キリストは十二弟子《でし》を使徒として、ご自分の代わりに伝道に遣《つか》わされました。

パウロは、イエス・キリストのご生前には使徒となりませんでしたが、復活のキリストに出会って召されて使徒となった、と申しております。十二使徒たちがユダヤ人相手の使徒であるならば、自分は異邦人の使徒であると言ってはばかりませんでした。

ガラテヤ書を見ますと、

「母の胎内《たいない》にある時からわたしを聖別し、み恵みをもってわたしをお召《め》しになったかたが、異邦《いほう》人《じん》の間に宣《の》べ伝《つた》えさせるために、御子《みこ》をわたしの内に啓示《けいじ》して下さった」（一章一五、一六節）と書いてあります。パウロは、母の胎内にある時から召されて使徒となったという、預言者イザヤやエレミヤのような召命感《しょうめいかん》をもっておりました。しかも、異邦人に伝道するために遣《つか》わされるのだ、と言う。

預言者イザヤは、聖書の宗教の未来を夢みて、次のように預言しました。

「主は言われる、『わたしはあなたを、もろもろの国びとの光となして、わが救いを地の果てにまでいたらせよう』と」（イザヤ書四九章六節）

そのように、全世界の民《たみ》のために、地の果てまで主なる神を知る時代のために立てられた人物が、このパウロであったということです。彼はあえて人から嫌《きら》われ、ユダヤ人社会から除《の》け者《もの》にされても、この使命に生きたということは偉《えら》いことです。

アウトサイダーとして生きる

パウロがキリストに召されて、異邦人の使徒となったということについて、ここで、「神の福音のために選《えら》び別《わか》たれた」（一節）と、彼の心中を申しておる。この「選び別つ」というギリシア語は、「ἀφορίζω《アフォリゾー》　分離《ぶんり》する、区別する、聖別する」という語です。

すなわち、私たちが神の福音の世界に入るためには、人々から分離され、選《えら》び別《わか》れるということが大事だということです。この福音の大きな喜びのためには、もう何を失っても惜《お》しくもなんともない。選び別たれて感謝であるという気がなければ、苦難《くなん》の時にちょっとの間は我慢《がまん》できましても、長くはできません。

この「選び別たれる、分離されることが大事である」という考えは、聖書の至《いた》るところにあります。たとえば、出エジプト記一三章一二節に、

「あなたは、すべて初めに胎《たい》を開いた者、およびあなたの家畜《かちく》の産むういごは、ことごとく主にささげなければならない」とあります。

ここに「ささげる」と訳《やく》された「העביר《ヘエビール》」というヘブライ語は、もともと「向こう側からこちら側に渡《わた》らせる、移す」という意味で、「עברי《イブリー》　ヘブル人」と語根が同じです。すなわち、ユーフラテス川の向こう側から渡ってきた者、というのがヘブル人の意味なのです。

ヘブル人の祖先であり、信仰の父と呼《よ》ばれたアブラハムは、メソポタミアのウルに住んでおりましたが、家族ともども北シリアのハランに移り住んだ時に、神の声を聴《き》きました、

「あなたは国を出て、親族に別れ、父の家を離《はな》れ、わたしが示す地に行け」（創世記《そうせいき》一二章一節）と。

アブラハムは神に示されるままに、遠いイスラエルの地に移ってゆきました。それで、「あっちから渡《わた》ってきた者＝ヘブル人」だと言われ、自らもヘブル人であるという意識をもっていました。そして、その子孫であるユダヤ人は、自分たちの祖先は、あっちからやって来た違《ちが》う人間なんだということを忘《わす》れておりません。

ですから、「ヘエビール」には「移す、選《えら》び別《わか》つ、献《ささ》げる」という意味があるんです。

先ほど引用した出エジプト記一三章の聖句の意味は、初めて生まれた子供《こども》、または初めて生《な》ったところの初穂《はつほ》は、選び別ち、神に献げねばならないということです。教会だったら、「最初に貰《もら》った月給は神様に献げねばならない」とでも言うのでしょうが、それだけでない。そこに意味があります。

最も良きものは、自分から切《き》り離《はな》して神様に差し上げるということです。日本語で、ただ「主にささげなければならない」と訳《やく》したら、その意味が十分に出ません。「選び別つ、分離して別《べつ》扱《あつか》いにする」という意味です。

パウロには、自分は神の福音のために選び別たれた者である、だから普通の人のような生活はしたくないという意識がありました。キリストから賜《たまわ》る恵みのゆえに、たとえさげすまれても、パウロは公然と「私は選び別たれた者だ」と言い放ってやみませんでした。

私たちも、喜んでアウトサイダーになって生きるのだという意識がなければ、本当の福音の恵みに与《あずか》ることができません。そうでなかったら、私たちが原始福音を信ずることは愚《おろ》かです。辛《つら》いことです。

＊アウトサイダー…一般社会の既成《きせい》の枠組《わくぐ》みから外れて、独自の思想をもって行動する人。

私は選《えら》び別《わか》たれた人間なんだ、自分は違《ちが》うんだと言って、絶えず自分を励《はげ》ましていないと、信仰は一般のクリスチャンと何も変わらないものになってしまいます。

ダビデの裔《すえ》として来たる者

この福音は、神が、預言者たちにより、聖書の中で、あらかじめ約束されたものであって、御子《みこ》に関するものである。御子は、肉によればダビデの子孫から生れ、聖なる霊によれば、死人からの復活により、御力をもって神の御子と定められた。これがわたしたちの主イエス・キリストである。（一章二〜四節）

パウロは、キリストの宗教が旧約聖書と別なものだとは決して思っておりません。ここで、「預言者たちにより、聖書の中で、あらかじめ約束されたもの」とは何かというと、それはキリスト・イエスであります。キリストとはメシア（救世主）のことです。ユダヤ民族には、メシアがやがて来るという、メシア待望の信仰がありました。そのメシアは、かつてイスラエルの黄金時代を築いたダビデ王の裔《すえ》に必ず現れるという信仰があり、皆が待ちに待っておった。

そのメシアがついに来た。それはイエスという、ナザレの無名の男として現れた。肉の系統《けいとう》でいうならばダビデの裔である。イエス・キリストがお生まれになる時に、両親がわざわざダビデの生まれ故郷《こきょう》であるベツレヘムに戸籍《こせき》登録をしに行ったことを見ましても、彼がダビデの家筋《いえすじ》であることがわかります。

こうしてロマ書を読んでみると、パウロの信仰は旧約聖書の歴史に根ざしたものであることがわかる。しかも、来たるべきメシアはナザレのイエスにおいて現れたのだと彼が言うときに、今に至《いた》るまでメシアを待望するだけに止《とど》まっているユダヤ教を乗《の》り越《こ》えていることがわかります。イエスにおいてキリストが来た、メシアがついに来たんだと言うことは、ユダヤ人としては大変な発言です。

パウロの復活の信仰

三、四節に「御子《みこ》は、肉によればダビデの子孫から生れ、聖なる霊によれば……」とあります。

イエスがただダビデの子孫であるというだけなら、イエスは普通の人間です。しかし、「聖なる霊によれば」と書いてありますように、聖霊が神の御子《みこ》イエス・キリストの本質であると言っている。「肉によれば」「聖霊によれば」とあって、このイエスは二つの次元というか、二つの本質をもつ者であるということですね。

イエスは人間には違《ちが》いありません。しかしながら、その魂に宿っていたのは聖なる霊です。

この聖なる霊というものが何によって確かめられたかというと、「死人からの復活により、御力をもって神の御子と定められた」(一章四節)とあります。

すなわち、神の御子であるということは、力において神の御子なんです。

その力とは、聖霊によって死人が蘇《よみがえ》るということです。死から蘇るんじゃありません、死人が蘇るということです。死から蘇ると書けばよさそうですけれども、パウロはそう書いていない。

これは故意にです。

人間は死から蘇っても、また死ぬでしょう。たとえば、この二月に聖地巡礼《じゅんれい》の最中、堀清治《ほりせいじ》君がエルサレムのヴィア・ドロローサで倒《たお》れて息を引き取りました。死んで呼吸《こきゅう》も止まったのに、増永富子さんが人工呼吸をしましたら生き返ったんです。そのように死から蘇るということはあります。しかし、死人から蘇るということは、これはまた別のことです。死人という概念《がいねん》から、もう違《ちが》った者になることをいうんです。

私たち人間は皆死にます。そして死人の一団に入ります。しかし、死人から脱却《だっきゃく》して蘇《よみがえ》る者、これがイエス・キリストです。だからイエス・キリストには亡骸《なきがら》がありません。その墓は空っぽです。

イエス・キリストが神の御子《みこ》であるということが立証されたのは、この復活によってです。死んでも死なず、不朽《ふきゅう》の存在《そんざい》であるということが聖霊の力によって実証された。

福音とはこれをいうんです。死人からの復活です。

今のキリスト教は十字架が大事だといって、多くのクリスチャンは十字架の信仰に止《とど》まっておりますけれども、十字架は救いに至《いた》る道なんです。門です。目標は、キリストの復活の力に与《あずか》ること、聖霊に与ることです。

パウロの信仰は復活の信仰です。人間、死ぬのは当たり前です。十字架にかかれば死にますよ。しかし、十字架にかかっても死ななかったということが重大なんです。

そのことを、パウロはコリント前書一五章の中で、イエス・キリストは死んでも死なない新しいタイプの人間の初穂《はつほ》である、と言っています。一つの新しいゲノタイプ（新生物）が発生しますと、次々とそれに類する生物が発生してきます。これは生物学の法則です。

聖霊として働きたもうキリスト

イエス・キリストが復活したということは、ただキリストご自身の奇跡《きせき》に止《とど》まりません。パウロが言っておりますように、キリストに宿ったあの聖霊という生命《いのち》が臨《のぞ》んだら、自分たちも死を見ずして栄光の体に化するという、不思議な次元が展開《てんかい》する。不思議な経験が始まる。これが大きい福音です。

福音には広い意味がありますが、終極的には、「死は勝ちに呑《の》まれたり」(コリント前書一五章五五節)という復活の力です。パウロは死んでも死なない生命を常に憧《あこが》れました。それは、復活されたイエス・キリストを見たからです。

イエス・キリストは、十字架の死後も非常な力をもって働きたもう。聖霊としていかに不思議に働きたもうたか、これは使徒行伝を見たらよくわかる。反対する者がどんなに反対しても、そのことによって神の御子《みこ》であるということが定まっている、とパウロは言うんです。

おお、わが主、わが神!

なおパウロはこの四節で、「主イエス・キリスト」と言っております。

「主」というのはギリシア語でキュリオス、ヘブライ語ではアドナイという語で、「神」を意味します。彼は「主なるイエス・キリスト」と言いまして、神に対し奉《たてまつ》る言葉をイエスに冠《かん》しております。ここにパウロの信仰があります。

イエスはなるほど人間であった。しかし、十字架につけられた後、復活され、今も霊なるキリストとして不思議に働きたもう。

パウロは、イエス・キリストの宗教に反抗《はんこう》し迫害《はくがい》した者であるけれども、そんな彼を捉《とら》えて恵みたもうキリストを見た時に、「おお、わが主、わが神！」と、言わざるをえなかったんです。

イエス・キリストは神か人か、という議論《ぎろん》を神学者たちはします。確かにイエスは私たちのように肉の体をもった人の子でした。しかしながら、その本質を論ずるに至《いた》ったら、どうしてもあのイエスに宿った霊は、生命《いのち》は、神であった、神の霊であった、と言わざるをえない。

私はこのキリストの前に祈ります。キリストは私の贖《あがな》い主《ぬし》であり、私の神なんです。

私はキリストをほかにして神を知りません。多くの神々があります。人それぞれに神というものをもっているでしょう。けれども私は、自分の贖い主キリスト以外に神を知りません。知らんのだから、しかたがない。それを笑う人は笑ってもよろしい。私において神は抽象的《ちゅうしょうてき》なものじゃないんです。私の神です。私を贖ったものが私の神なんです。私はキリストに贖われたことを感謝しております。皆様がたも、ご同様でしょう。

それで、「主イエス・キリスト」と、パウロは言わずにはおられなかった。ユダヤ人として、このようにイエスに対して「主」(神)と呼《よ》ぶということは、大変な冒瀆《ぼうとく》なんです。当時としては命がけのことでした。しかし、来たるべきメシアが来たのに、このメシアに対して「主」(神)と呼ばずに何と呼べたでしょうか。これはパウロの信仰だから、議論《ぎろん》や神学の問題じゃない、体験の問題なんです。

こうしてパウロは、「我らの主イエス・キリスト」と言いました。「パウロよ、あなたは偉大《いだい》であった!」と、私は言わざるをえない。誰《だれ》も言わないときに、なんという勇気をもっておっただろう。お上手者は、とても言えませんよ、当時は。これは、彼がアウトサイダーであることの光栄を知っておったからです。


(一九六八年四月三日 ①)

＊パウロ…パウロは、おそらくイエス・キリストより少し後に小アジアのタルソで生まれ、紀元六四年頃《ごろ》にローマで殉教《じゅんきょう》した、と伝えられている。新約聖書は二十七巻《かん》から成り、そのうちの十三巻(ロマ書、コリント書、ガラテヤ書など)はパウロが書いた書簡《しょかん》とされる。

〔第二講　ロマ書一章五～一七節〕

5わたしたちは、その御名《みな》のために、すべての異邦人《いほうじん》を信仰の従順《じゅうじゅん》に至《いた》らせるよう
にと、彼によって恵みと使徒の務めとを受けたのであり、6あなたがたもまた、彼らの
中にあって、召《め》されてイエス・キリストに属する者となったのである――7ローマにい
る、神に愛され、召された聖徒一同へ。
わたしたちの父なる神および主イエス・キリストから、恵みと平安とが、あなたがた
にあるように。
8まず第一に、わたしは、あなたがたの信仰が全世界に言い伝えられていることを、
イエス・キリストによって、あなたがた一同のために、わたしの神に感謝する。9 10わ
たしは、祈りのたびごとに、絶えずあなたがたを覚え、いつかは御旨《みむね》にかなって道が開
かれ、どうにかして、あなたがたの所に行けるようにと願っている。このことについて、
わたしのためにあかしをして下さるのは、わたしが霊により、御子の福音を宣《の》べ伝《つた》えて
仕えている神である。11わたしは、あなたがたに会うことを熱望している。あなたがた
に霊の賜物《たまもの》を幾分《いくぶん》でも分《わ》け与《あた》えて、力づけたいからである。12それは、あなたがたの中

にいて、あなたがたとわたしとのお互《たがい》の信仰によって、共に励《はげ》まし合《あ》うためにほかならない。

13兄弟たちよ。このことを知らずにいてもらいたくない。わたしはほかの異邦人《いほうじん》の間で得たように、あなたがたの間でも幾分《いくぶん》かの実を得るために、あなたがたの所に行こうとしばしば企《くわだ》てたが、今まで妨《さまた》げられてきた。14わたしには、ギリシア人にも未開の人にも、賢《かしこ》い者にも無知な者にも、果すべき責任がある。15そこで、わたしとしての切なる願いは、ローマにいるあなたがたにも、福音を宣《の》べ伝《つた》えることなのである。

16わたしは福音を恥《はじ》としない。それは、ユダヤ人をはじめ、ギリシア人にも、すべて信じる者に、救いを得させる神の力である。17神の義は、その福音の中に啓示《けいじ》され、信仰に始まり信仰に至《いた》らせる。これは、「信仰による義人は生きる」と書いてあるとおりである。

第二講

聖霊の賜物《たまもの》を分《わ》け与《あた》える伝道

ロマ書一章五～一七節

わたしたちは、その御名《みな》のために、すべての異邦人《いほうじん》を信仰の従順《じゅうじゅん》に至《いた》らせるようにと、彼によって恵みと使徒の務めとを受けたのである。　（一章五節）

パウロの伝道は、ほんとうに成功したと思います。今や、地球の人口の約三分の一以上がキリスト教徒になりました。最初の異邦人の使徒として出かけたパウロの功績は偉大《いだい》です。

神の恵みによって立てられた者

このパウロを使徒にするために、キリストは決して単なる任務だけをお与えにはなりませんでした。ここに、

「彼(キリスト)によって恵みと使徒の務めとを受けた」と書いてあるように、恵みを与《あた》えられたということです。これが大事です。「恵み」と「使徒の務め」という言葉はくっついているんです。ほんとうに神に恵まれた人間でないならば、使徒たる務めは果たせません。

私のような惰弱《だじゃく》な人間は、神様から恵まれなかったならば、とても信仰は続いておりません。神様は何度も恵み、騙《だま》し、すかしなさるから、私もだんだん信仰が根を下ろしてきてしまったんです。

この頃《ごろ》は、恵まれもしないのに伝道者となる人たちがおります。「いろいろな大学を受験したけれども、みなすべった。どーれ、神学校にでも行こうか」と言うような連中ですから、ロクでもない伝道者、牧師しか出てこぬ。ほんとうに神の恵みによって立てられた者でなければ、福音は伝わりません。

あなたがたもまた、彼らの中にあって、召《め》されてイエス・キリストに属する者となったのである――ローマにいる、神に愛され、召された聖徒一同へ。(一章六、七節)

あなたがたもまた、パウロが経験したような召しに与《あずか》ってキリストのものとなったのである、とあります。すなわち、多くの人々の中から召《め》されて私たちはクリスチャンになるのです。それは伝道者だけではありません、信仰に生きる皆がそうなんです。いつの時代でも、本物のクリスチャンは少数です。そして、「ローマにいる、神に愛され、召された聖徒一同へ」とありますように、まず神に愛されている者でなかったらクリスチャンではない。これがクリスチャンの資格の第一です。もう神の御愛がもったいなくて、どんなに貧乏《びんぼう》していても、うれしくて涙《なみだ》が出てたまらんような者をクリスチャンと言うんです。

さらに、「聖徒一同へ」。

聖徒というのは、聖人君子というような道徳的に行《おこ》ない澄《す》ました人のことではありません。神が聖別した者、聖霊によって聖《きよ》め別《わか》たれた者、という意味です。

恵みと平安

わたしたちの父なる神および主イエス・キリストから、恵みと平安とが、あなたがたにあるように。（一章七節）

「恵みと平安とがあるように」というのは、挨拶《あいさつ》の文句です。これは旧約聖書の「アロンの祝《しゅく》禱《とう》」にある言葉で、それを読むと、パウロの言わんとする意味がわかります。

主はまたモーセに言われた、

「アロンとその子たちに言いなさい、『あなたがたはイスラエルの人々を祝福してこのように言わなければならない。「願わくは主があなたを祝福し、あなたを守られるように。願わくは主がみ顔をもってあなたを照し、あなたを恵まれるように。願わくは主がみ顔をあなたに向け、あなたに平安を賜《たま》わるように」』」

（民数記六章二二～二六節）


このように祭司アロンの祝福の祈りが書いてあります。

ここで、神に祝福されるためにどうあったらいいかというと、まず神が御顔《みかお》の光を照らして、まばゆいようなシェキナー（神の臨在《りんざい》に包まれる）状況《じょうきょう》で恵んでくださるということです。

そして、「あなたに平安を賜わるように」。

この平安というのは、原文のヘブライ語では「שלום《シャローム》 平和、平安」という語です。

シャロームというのは、今のクリスチャンが知っているような弱々しい平安、事なかれ主義の平和をいうのではありません。これは、「שלם《シャレム》　完全な、満ちている」という語からくるんです。シャロームというのは満ちみちていることですから、もう元気いっぱい、神の祝福と恵みがいっぱいあるから、平安なんです。強い平安です。

強いシェパード犬は、弱い犬と喧嘩《けんか》しません。弱い犬に限って吠《ほ》えます。強い犬はそう吠えません。シャロームだからです。シャロームということは、どんなことがあっても平安なんです。そういう強い平安の意識をいうんです。パウロはそれをローマのクリスチャンに祈りました。

人は言います。当時のギリシア人は、「χαρις《カリス》　恵み」ということを主として唱えた。ユダヤ人は、「שלם《シャローム》　平安」が挨拶《あいさつ》の言葉だった。だから「恵みと平安」とかけて言ったのだ、と。

私はそう思いません。アロンの祝禱《しゅくとう》を見たら、まず神様が御顔《みかお》の光を照らされるということが恵みなんです。それはカリスマ(天よりの賜物《たまもの》)的な出来事です。また主があなたに向かって平安を下さるようにというときに、神様と対座《たいざ》していたら平安にならざるをえない。神から見放されたら、私たちは平安を失います。こういう宗教的な意味の言葉です。

パウロの使命感

一章八節から一五節まで読みますと、パウロがなぜローマに行きたいか、ローマに行く前になぜロマ書という手紙を出しておきたかったか、ということがわかります。

まず第一に、わたしは、あなたがたの信仰が全世界に言い伝えられていることを、イエス・キリストによって、あなたがた一同のために、わたしの神に感謝する。（一章八節）

パウロは異邦人《いほうじん》の使徒として、これまで東地中海一帯に伝道してきました。今度は中部地中海から、ついにはイスパニア（スペイン）に行きたいなどと、この手紙の最後のほうに書いております。イスパニアは、当時の世界の西の果てでした。そこまで出かけたいという、伝道についての大きな抱負《ほうふ》をもっておりました。

ユダヤ人がキリストの福音を受け入れないのなら、自分は異邦人への使徒となって、福音を伝えるというのが彼の使命感でした。ですから、

「この信仰が全世界に言い伝えられていることを、イエス・キリストによって神に感謝する」と言いました。まだ極東にまでは及《およ》んでいませんが、「全世界」というのは、ローマ帝国《ていこく》時代当時の彼らが知っている限りの世界です。イエス・キリストの霊がさまざまとお働きであるから、こういうことになったということを、彼は思わずにおられなかったんです。

わたしは、祈りのたびごとに、絶えずあなたがたを覚え、いつかは御旨《みむね》にかなって道が開かれ、どうにかして、あなたがたの所に行けるようにと願っている。このことについて、わたしのためにあかしをして下さるのは、わたしが霊により、御子の福音を宣《の》べ伝《つた》えて仕えている神である。（一章九、一〇節）

使徒行伝の中でも、パウロは、

「わたしはローマを見なければならない」（一九章二一節）と言っております。そういう気持ちがここに出ております。なおこのことについて、

「わたしのためにあかしをして下さるのは、わたしの神である」とまで言っている。こういうところはくどいようですが、自分だけの証《あか》しではない、神様が証ししてくださるのだ、と言う。

さらにパウロは、

「神がわたしたちの味方であるなら、だれがわたしたちに敵し得ようか」（ロマ書八章三一節）と述べていますが、神様が共にあるならば、必ずそのとおりになる。やがて彼は、囚人《しゅうじん》となってローマまで行きますから、偉《えら》いものです。

パウロがローマに行く理由

わたしは、あなたがたに会うことを熱望している。あなたがたに霊の賜物《たまもの》を幾分《いくぶん》でも分《わ》け与《あた》えて、力づけたいからである。　（一章一一節）

霊の賜物とは何か。賜物という字は、ギリシア語で「χαρισμα《カリスマ》　恵みの賜物」です。このカリスマを、天よりの賜物を与えたい。すなわち、伝道ということは、ただお説教をしたり、抽象的《ちゅうしょうてき》に福音を宣《の》べ伝《つた》えることではありません。福音を伝えられた人の胸《むね》の中に、芳《かんば》しい霊の賜物が実を結ばなければ嘘《うそ》なんです。

パウロがなぜ、海山越《こ》えてローマまで行くのかというと、この聖霊のカリスマを分かち与えたかったからです。これは遠く離《はな》れておって、ただ本を読むだけでは与えられないんです。ペテロがコルネリオというローマの百卒長に招かれてカイザリヤに行き、語りつつある間に聖霊が降《くだ》って、彼らは異言《いげん》を語り、預言をするようになった。そして聖霊のカリスマが実を結びました（使徒行伝一〇章）。初代教会では、こういうことを目標にして伝道したものです。

今、伝道がはかばかしくない、中途半端《ちゅうとはんぱ》な信者しかできないのはなぜかというと、カリスマの実を結ばせるということを目標にしないからです。パウロは、自分の伝道を通していくらかでも霊のカリスマを分《わ》かち与《あた》えたい、と言っている。これは大事なことです。

こういうことを今のキリスト教会は見落としております。聖書は読んではおりますよ。しかし、カリスマというものを知らないから、どうにもならん。霊のカリスマをもち、このカリスマを与える伝道者がいないんです。私は伝道の初っぱなから、伝道を志す人には、「カリスマを分かち与えることを目的に伝道をするように」と言ってきました。

このカリスマ（聖霊の賜物《たまもの》）が何であるかについては、コリント前書一二章、一三章、一四章をご覧《らん》になると詳《くわ》しく書いてあります。

「霊の賜物は種々あるが、御霊《みたま》は同じである。務めは種々あるが、主は同じである……ある人には御霊によって知恵の言葉が与えられ、ほかの人には、同じ御霊によって知識の言《ことば》、またほかの人には、同じ御霊によって信仰、またほかの人には、一つの御霊によっていやしの賜物、力あるわざ、預言、霊を見わける力、種々の異言《いげん》、異言を解く力が与えられている」

（コリント前書一二章四～一〇節）

愛こそ神から賜《たまわ》る最大の賜物《たまもの》

しかしながら、それだけが賜物ではありません。

コリント前書一三章には、さらに次のように書いてあります。

「たといわたしが、人々の異言《いげん》や、御使《みつか》いたちの言葉を語っても、もし愛がなければ(愛をわたしがもたなければ)、わたしはやかましい鐘《かね》や、騒《さわ》がしい鐃鉢《にょうはち》と同じである。たといわたしに預言をする力があり(どんなにカリスマ的であり)、あらゆる奥義《おくぎ》とあらゆる知識とに通じていても、山を移すほどの強い信仰があっても、もし愛をわたしがもっていなければ、わたしは無に等しい。たといわたしが自分の全財産を人に施《ほどこ》し、自分の体を焼かれるために渡《わた》してもそれは愛の真似事《まねごと》であって)、もし本当の愛をもっていなければいっさいは無益である」

(一三章一～三節)

パウロにおいては、愛は神の賜う最大の賜物でした。では、彼が言っている愛とはどのようなものか。

ロマ書五章五節に、

「そして、希望は失望に終ることはない。なぜなら、わたしたちに賜《たま》わっている聖霊によって、神の愛がわたしたちの心に注がれているからである」と、パウロはっきり申しております。すなわち、聖霊に触《ふ》れないならば、神の愛は私たちに注がれません。

聖霊によらなければ与《あた》えられない、「愛」ともいうべき実質があるんです。

人間が用いるいちばん良い言葉は愛だといわれます。しかし、神の愛というものは人間の愛とは全く違《ちが》います。人間は誰《だれ》しも生まれながらに利己的《りこてき》で自分中心な者です。しかし聖霊に触れることによって、神の愛が私たちの胸《むね》の中に湧《わ》き上《あ》がってくるんです。愛を賜《たまわ》るんです。

私のような者ですら、この神の愛という生命《いのち》が注がれてきた時に、膿《う》みただれた心がほんとうに清まる思いがしました。それは聖霊の愛であって、聖霊によらなければ、この愛は私たちの心にドクドクと注《そそ》ぎ込《こ》んできません。

豊かに実るカリスマ

こういうカリスマを与えるために、パウロは伝道したんです。私は伝道者の端《はし》くれであることをほんとうに喜んでおります。私はただ集会したりするだけです。しかしその後、不思議が相次ぐんです。

たとえばこの間、アメリカの加州（カリフォルニア）の聖会に行きました時でも、何人もの人が病を癒《い》やされたり、立ち上がったりなさった。病気が癒やされただけではありません。それよりも何よりも、「愛が湧《わ》いてたまらない」と言われるんです。次々とそういうお話を聞きます。

数日前のことでした。武蔵野《むさしの》音楽大学でピアノを教えている長井充《みつる》君の学生であります、松井濱子《はまこ》さんがここに来てしみじみ言われる。

「昨日のイザヤ書五三章のご講義をお聴《き》きしながら、ほんとうにうれしかったです。私は、キリストの御愛によって贖《あがな》われたのだということがわかりました。私たち家族は東京大空襲《だいくうしゅう》に遭《あ》って住むに家なく、千葉県の山奥《やまおく》に掘《ほ》っ建《た》て小屋を建てて住みました。水を汲《く》みにゆくにも遠くまで行かねばなりません。それが私の仕事で、兄弟みんな貧しく生きてきました。

私はやっと夜間の高校に行きました。授業が済《す》んだ後に、私はクラブ員としてピアノを弾《ひ》きたいと思う。しかし午後十時以後になると先生は弾かせてくれません。すると私が自由に弾く時間はどれだけもないんです。

『先生、そう言わずに弾かせてください』と言って弾いていると、電灯を消されてしまいます。真っ暗な中で泣きながら弾いたものでした。

結婚《けっこん》してから、私が音楽が好きだというので、夫が武蔵野音大に出してくれるようになりました。ところが、私がひどい腎臓病《じんぞうびょう》で倒《たお》れたことから、不思議に長井先生を知るようになり、幕屋の信仰に導かれました。

松井濱子さんと

私はもうすでに三十歳《さい》を過ぎています。しかし、若《わか》い十九、二十歳の娘《むすめ》さんたちと一緒《いっしょ》に歌います。今度の試験の結果は、声楽科の学生として、全校で私が一番でした。そして先生たちが皆、喜んでくださいました。

『あなたはどうしてこんなに素晴《すば》らしい高いソプラノが出るようになったの？　どうしてこんなに美しい声に変わったの？』と聞かれる時に、贖《あがな》い主《ぬし》キリストが私に御血汐《おんちしお》を流してくださるからだと思います。そうとしか考えられません。

今、こんなに恵まれて生かされていることを思うと、神様、あなたを賛《たた》えずにおられません」と言って、濱子さんが感謝しておられる。

これはほんの一例です。いずこに行きましても、同様の感謝を受けます。全くこれは、カリスマと言わざるをえない。

松井濱子さんの胸《むね》の中に聖霊のカリスマが実を結んで、それが彼女を祝してくださった。また病から立ち上がらせてくださった。働きたもうのは主の御霊《みたま》である。私はただ僕《しもべ》にすぎませんけれども、なんと不思議な宗教的展開《てんかい》が行なわれつつあることよ、と驚《おどろ》かざるをえないんです。

それはどうしてかというと、私がつまらん人間だからです。立派《りっぱ》な宗教的修行《しゅぎょう》を積んだ人ならば、素晴《すば》らしいことが起きるかもしれない。しかし、私は卑《いや》しく育てられたことを感謝します。神の御名《みな》が崇《あが》められるからです。


それは、あなたがたの中にいて、あなたがたとわたしとのお互《たがい》の信仰によって、共に励《はげ》まし合《あ》うためにほかならない。（一章一二節）

パウロは謙遜《けんそん》です。

「霊の賜物《たまもの》を与《あた》えるんだ」と、見下すように言ったら嫌《きら》われます。

「お互いの信仰によって、共に励まし合いたい」と言っている。

伝道というのはこんなものでして、救われ、恵まれる人があったら、慰《なぐさ》められるのは伝道する者のほうです。だから伝道ということは、有《あ》り難《がた》いことです。神様に恵まれた人が、「まあ、こんなことが」と言って感謝されて、その人がますます偉大《いだい》になる。伝道ということは、ほんとうに聖なる仕事だとつくづく思います。

原始福音を伝えるためにローマに

兄弟たちよ。このことを知らずにいてもらいたくない。わたしはほかの異邦人《いほうじん》の間で得たように、あなたがたの間でも幾分《いくぶん》かの実を得るために、あなたがたの所に行こうとしばしば企《くわだ》てたが、今まで妨《さまた》げられてきた。わたしには、ギリシア人にも未開の人にも、賢《かしこ》い者にも無知な者にも、果すべき責任がある。そこで、わたしとしての切なる願いは、ローマにいるあなたがたにも、福音を宣《の》べ伝《つた》えることなのである。（一章一三～一五節）

「あなたがたの間でも幾分かの実を得るために」の「καρπος《カルポス》　実」という語は、霊の賜物《たまもの》のことです。この御霊《みたま》の実に与《あずか》らせたいというのが、パウロの切なる願いでした。かくして幾分かでも霊の賜物が分《わ》け与《あた》えられるならば、ローマ行きは決して無駄《むだ》でない。囚人《しゅうじん》となって出かけていっても無駄でない、と言ったパウロは偉大です。この頃《ごろ》の伝道者と違《ちが》います。

私ごとき者とは違《ちが》うと思います。

パウロよ、あなたをわが師と呼《よ》びえることを私は感謝します。どうかパウロの霊よ、今ここにやって来て、多くの兄弟姉妹《しまい》たちの胸《むね》を震《ふる》わせてくださるように！

パウロが言っているような原始福音に触《ふ》れなければ、どんなキリスト教会でも救われません。私たちは聖霊の賜物《たまもの》が与《あた》えられる時に、教会、教派《きょうは》を超《こ》えて一致《いっち》することができます。教理や教義では一致できません。神の御霊《みたま》の実が結ぶところ、皆、兄弟姉妹です。大事なことは聖書そのままの原始福音を伝えることです。

信仰とは生きること

わたしは福音を恥《はじ》としない。それは、ユダヤ人をはじめ、ギリシア人にも、すべて信じる者に、救いを得させる神の力である。（一章一六節）

パウロは、多くのユダヤ人たちがキリストの福音を恥《は》じる時に、大胆《だいたん》に、「わたしは福音を恥としない」と言い切りました。我々が言うのと、だいぶ違う。普通のユダヤ人から除《の》け者《もの》にされて、アウトサイダーであるということをあえて辞さないところ、パウロはさすがに一流の人間です。

ひとり追われて孤独《こどく》の道を歩くということは、勇気がいることです。それは敗北者としてではありません。勝ちまた勝つための道を歩いているのです。「私は福音を恥《はじ》としない」と言うところ、偉《えら》いですね。

パウロは、次のように福音を定義しました、

「福音とは、すべて信ずる者に、救いを得させる神の力である」と。

すなわち、福音とは教理ではありません。神の力です。神の力に与《あずか》ることなくして、福音はありません。

今のキリスト教には福音がありません。神の力が何も働かないからです。全然とは言いませんよ。ある人たちには、ある教会には、働いているでしょう。大事な内容は、神の力です。しかも救いを得させる神の力です。悩《なや》み苦《くる》しんでいる者を、神の支配の中に救う力が福音です。しかも条件は、ただ信ずるというだけです。救われるのは信仰によってです。


神の義は、その福音の中に啓示《けいじ》され、信仰に始まり信仰に至《いた》らせる。これは、「信仰による義人は生きる」と書いてあるとおりである。（一章一七節）

信仰による義人は生きる。信仰は知ることではない、生きることです。

「エホバは生く、汝《なんじ》の魂も生く」(列王紀下四章三〇節)です。

生きるために私たちは信仰するんです。

信仰と生活が別々になる、そういうバカなことはありません。この難《むずか》しい世の中を信仰によって、神の力によって生きるんです。死人をも蘇《よみがえ》らせるような、不思議な神の力によって生きることを福音というんです。それはイエス・キリストによって始まり、パウロによってかく伝えられている。私たちはそれを実験しとうございます。


私たちはこれからロマ書を読もうと思います。これを議論《ぎろん》の書としてではなく、ほんとうにパウロが体験したものとして読みとうございます。

今のプロテスタントの信仰は理屈《りくつ》が先です。しかしながら、行動の伴《ともな》わない理屈は信仰になりません。

私たちはこのロマ書を、ただ一片《いっぺん》の観念の書にしたくありません。これを行なうために読みとうございます。多くのクリスチャンがロマ書を空《むな》しい議論の書にしてしまうときに、私たちは彼らから本当の福音を取《と》り戻《もど》したい。もっと生命《いのち》の血がにじむような書として読みとうございます。

私たちは、この世のクリスチャンから選《えら》び別《わか》たれた者でありとうございます。選び別たれるということは、辛《つら》いことや嫌《いや》なことがあります。あえてそれをなしうる者に、このパウロの福音がわかります。またここに、私たちの使命と自覚があります。

（一九六八年四月三日　②）

＊聖書の原文…旧約聖書はヘブライ語（一部アラム語）で、新約聖書はギリシア語で記されている。

〔第三講　ロマ書一章一六、一七節〕

16わたしは福音を恥《はじ》としない。それは、ユダヤ人をはじめ、ギリシア人にも、すべて信じる者に、救いを得させる神の力である。

17神の義は、その福音の中に啓示《けいじ》され、信仰に始まり信仰に至《いた》らせる。これは、「信仰による義人は生きる」と書いてあるとおりである。

第三講

信仰による義人は生きる　ロマ書一章一六、一七節

わたしは福音を恥《はじ》としない。それは、ユダヤ人をはじめ、ギリシア人にも、すべて信じる者に、救いを得させる神の力である。（一章一六節）

この一六節と、後に続く一七節が、ロマ書の主眼です。パウロがいちばん言いたい大事なポイントです。結局ロマ書は、この二節の内容をずっと敷衍《ふえん》してパウロの信仰を宣明《せんめい》した書なんです。

福音とは神の力である

第一に、福音とは何か。パウロにおいては、神の力であると言っています。すべて信ずる者に救いを得させる神の力を体験することだ、と。

神の子キリストがおられるところには、驚《おどろ》くべき聖霊の力が働くということです。この信仰を教え、この信仰に従順《じゅうじゅん》ならしめるために、パウロは福音の使徒となったのであります。

現今のキリスト教は、十字架の教理などを説くことが福音であるかのように思っているが、キリストご自身は、まずパウロに力を与《あた》えて、そうして福音を宣《の》べ伝《つた》えしめられた。力を欠いだら福音でない。

「神の国は言葉になく、力にある」(コリント前書四章二〇節)のです。

ですから、福音を今のキリスト教流に理解したり、今のキリスト教の本を読んだりすると、信仰は進むより退歩します。私は、現代のいろいろなキリスト教の本をお読みにならないことを皆さんに勧《すす》める。そんなのはむしろ有害です。今の神学校が教えるものは、パウロが言っておる福音、原始福音とは違《ちが》うんです。率直《そっちょく》にこのロマ書を読んでみたら、よくわかります。

ここにはっきりと、「福音とは力である」と書いてある。

信仰は神の力に関係する概念《がいねん》なのであって、神の霊が働くところに必ず力が作用するんです。そのようなダイナミックなことをいうんです。この神の力を欠き、力に満たされないならば福音でなく、どれだけ伝道しても無駄《むだ》です。神学者たちは、パウロのもっていた実体をもたずに、言葉だけを信じているから弱々しい。

物理学でも同様です。運動があるところ、活動があるところに力がある。神が働き、神が行為《こうい》するということは、力を顕《あらわ》すということです。そして、神の力の働くところには、神の恩恵《めぐみ》が働くということです。

「わたしたちは、キリストによって恵みと使徒の務めとを受けた」（一章五節）などと言うのは、そういうところからくるんです。

パウロは、この驚《おどろ》くべき神の力を発見した以上、これを伝えずにはおられないと思った。ですから、

「わたしとしての切なる願いは、ローマにいるあなたがたにも、福音を宣《の》べ伝《つた》えることなのである」（一章一五節）と言って、どうにかしてローマに行きたいと願いました。それは、ローマにキリストの教えが伝わっているが、あなたたちが知っているのは自分が知っている福音とは違《ちが》う。原始福音ではないからだ、と言うわけです。

「義」ということ

さらに次の一七節に、重大な言葉があります。

神の義は、その福音の中に啓示《けいじ》され、信仰に始まり信仰に至《いた》らせる。これは、「信仰による義人は生きる」と書いてあるとおりである。（一章一七節）

「神の義は、その福音の中に啓示され」とありますが、「その福音」とは、ただの福音ではない。「すべて信ずる者に救いを得させる神の力」という福音です。この力ある福音の中で、神の義が顕《あらわ》れてくる。

ここで「δικαιοσυνη《ディカイオシュネー》　義」という語が出てきますが、これはロマ書で最も大事な語です。「義」というと、日本人には法律的《ほうりつてき》な冷たい正義のように思われるかもしれませんが、聖書ではそうではありません。たとえば、弱い者が法廷《ほうてい》に引き出されて、おどおどと判決を待つとします。しかし裁判官《さいばんかん》に、「おまえは正しい」と言われたら、その義というものは救いですね。

そのように神様に受け入れられ、「嘉《よ》し」とせられて救われることを「義」というんです。それで義は、「神の御心《みこころ》」「神と人との正しい関係」「恩恵《おんけい》」「憐《あわ》れみの愛」など、多岐《たき》にわたる内容を表す語として聖書では用いられています。

では、どうしたら人は神様に義とせられるか。

一つには、モーセの示した宗教的な律法を守ること、すなわち人間の努力や修養によって神に受け入れられるという考えがあります。そうした人間の立派《りっぱ》さによって得られる人の義、行ないによる義がある。これは、パウロが生きた時代のユダヤ教が大事にした信仰でした。

それに対して、パウロの主張は、律法《りっぽう》を守るといったような人間の立派さが大事なのではない、神から賜《たまわ》るところの資格というか、義があるのだというんです。これは、人の行ないによらず、ただ信仰によって得られる恩恵《めぐみ》の義である。天から与《あた》えられる恩恵によって初めて人は神の前に嘉《よ》しとされ、救われるのだ、と。

この恩恵による義は、神の力が働く福音の中で示されるのだ、というんですね。

信仰による義人とは

さらに「信仰による義人は生きる」ですが、これは旧約聖書のハバクク書二章四節の引用です。ハバクク書では、「義人はその信仰によって生きる」となっております。このままですと、「義人」ということが強調されて、どうしても旧約的な行ないの義によって救われるのだというニュアンスになってしまいやすい。

それで口語《こうご》訳《やく》聖書のロマ書では、「信仰による義人は生きる」と訳されております。「信仰による」ということを強調しているんですね。（黒板にギリシア語原文を書かれる ※）

この聖句を、どうしてわざわざ黒板に書いたかというと、十六世紀の宗教改革者《かいかくしゃ》マルチン・ルーテルが、「信仰による義人は生きる」という、この一句をプロテスタントの旗印にして、カトリック教会と戦った。そして、カトリック教会から離脱《りだつ》した有名な言葉だからです。

このハバクク書とロマ書の二つの訳《やく》の、何が大きな違《ちが》いなのか。

もう一度言いますが、パウロの生きていた時代、ユダヤ教徒たちはモーセの示した戒律《かいりつ》を、律法を守ることによって救われる、神の前に生きることができると思っておった。それが義人である、神の前に正しい人だということですね。

それに対して、パウロの書いたロマ書やガラテヤ書をよく読んでみると、彼が強調する義は、信仰の義をいうんです。律法を守るかどうかではない、信仰によって救われるのだ、と。

神様に救われ、義とされる人間の側の条件は、ただ信仰だけである、ということです。

それで、一七節の「信仰による」という言葉は、「生きる」にではなく「義人」にかけて、「信仰による義人は生きる」と訳すわけです。

※ロマ書一章一七節のギリシア語原文は、以下のようになっています。
「ο《ホ》 δε《デ》 δικαιος《ディカイオス》 εκ《エク》 πιστεως《ピステオース》 ζησεται《ゼーセタイ》」(信仰による義人は生きる)

ο《ホ》は冠詞《かんし》、δε《デ》は「ところで、しかし」、δικαιος《ディカイオス》は「義人」です。εκ πιστεως《エク ピステオース》は「信仰による、信仰の内から」、ζησεται《ゼーセタイ》は「生きるであろう」です。

以前は、「εκ πιστεως《エク ピステオース》　信仰による」という語を、「生きる」という動詞にかかると考えて、文語《ぶんご》訳《やく》聖書では「義人は信仰によりて生くべし」と訳されていました。

それに対して、この「信仰による」という語は、「義人」という主語にかかるとも考えられる。それで、今の口語訳聖書では「信仰による義人は生きる」というように訳し直されました。

ギリシア語からいえば、どちらにも取れます。しかし訳し方によって、意味するところが大きく違《ちが》ってきます。人間の「行ないの義」によって救われるのか、それとも、神の恩恵《めぐみ》によって救われる「信仰の義」か、ということが一番の論点《ろんてん》です。

恩寵《おんちょう》によって救われる

ところがここに、新たな問題が出てきます。

今のキリスト教の考え方は、ただ信仰さえあればよいのだ、極端《きょくたん》に言うならば、信仰以外のものは要求されないといいます。だが、ここに重大な見落としがあります。それは、神を信ぜずにはおられない神体験をもっているかどうか、ということです。

マルチン・ルーテルは「ソラ・フィデ(Sola fide)」と言いました。

ソラは「～のみ」、フィデは「信仰」です。「信仰のみ」で救われるとルーテルは言い、それを旗印にした。だから今のプロテスタント教会も、「信仰のみ、信仰のみ」と言って、信仰を強調します。だが、ルーテルの一つの誤《あやま》りは、信仰ということを言いすぎる点にあります。何でもあることを強調しますと、重大な面が抜《ぬ》けてきます。それで困《こま》るんです。

ルーテルは、当時のローマ・カトリック教会に対して、「信仰のみ」と言ったんです。

カトリック教会の中世期は、恩寵《おんちょう》の時代といいまして、神の恵みに与《あずか》るために教会に行きました。神の恵みは、教会によって与《あた》えられると信じられていた。だから、教会を離《はな》れたら恵みは与えられない。そのような時代に、

「教会ではない、各自の信仰によって恵みが与えられるのだ！」という、ルーテルの叫《さけ》びは間違《まちが》っておりません。

しかし、私たちを救うのは、神からの力も与えられていないのに「信じます、信じます」というような信仰じゃない。そんな人間の信仰なんかが救いやせんです。

何が私たちを救うのかというと、神の恵みが、神の愛

マルチン・ルーテル

が、神の憐《あわ》れみが、神の力が、私たちを救うということです。信仰が管となって、神の愛が、神の恵みが、流れてくるんです。

人間の信仰によって救われるんじゃない。恵みの力によって、恩寵《おんちょう》によって救われるんです。ですから、恩寵ということを抜《ぬ》きにして、ただ「信仰のみ」と言っても、みんなちっとも恵まれないというか、救われない。「こんなに信仰しているのに、どうして私は救われないのだろうか」ということになる。

それは、実体もないのに「信仰のみ」という言葉さえ唱えていれば救われるという、新しい律《りっ》法《ぽう》主義といったものに陥《おちい》るからです。ここに一つの大きな間違《まちが》いがある、ということがわかる。

パウロが言わんとするところは、

「神の義は、信ずる者に救いを得させる神の力において顕《あらわ》れる。すなわち、神の力が働かないところには、信仰も始まらない」ということなんです。

神の力が働くところに信仰があるのでありまして、神の力に接触《せっしょく》することなくして信仰はないんです。「信仰」という言葉は同じでも、中身が違う。それを無視《むし》して、ただ「信仰、信仰」と言うから、救われない。こんなに私は信仰しているのに、こんなに教理箇条《かじょう》を、公教要理をみんな信じているのに、どうして私は救われないんでしょうか、ということが起きる。

なぜ福音を伝えに行くか

それでパウロは、

「私はローマに福音を伝えに行かねばならない。福音とは神の力なのであって、自分が歩かなければ、どうやってこの神の力を伝えることができるだろうか。神の力が働かないところに信仰なんかが始まったりするものか」ということを言っているわけです。これが大事なんです。

これは現在のキリスト教が、特に無教会なんかが、随分間違《ずいぶんまちが》っている点です。ただ信仰によって救われるのではない。すべて信ずる者に救いを得させる神の力が発動していないところには、福音もなければ信仰もない、神の義もないんです。

そのような神の義を負わしめるために、私たちは一方的なご恩寵《おんちょう》によって神の聖前《みまえ》に出る資格というか、性質を帯びさせられた。だから、どうして私のような悪い奴《やつ》がこういう信仰に、救いに入れられたのだろうか、もったいなくてたまらん、という出来事が起きるわけです。

ここに私たちが、この福音をもって出かけてゆかなければならない理由があるんです。

それに対して、それは思い上がりだと言うような人があるかもしれない。けれども、私たちが召《め》され、神の力に触《ふ》れて救われたのは、ただ私たち一個人が救われるためではないんです。

信仰はダイナミックな力に触《ふ》れる経験

今日学んでいることはロマ書の中心点ですから、私たちはよく肝《きも》に銘《めい》じて覚えておかなければなりません。今のキリスト教流の概念《がいねん》で読んだら、いつの間にか、またわからなくなりますよ。ロマ書は、パウロの考え方、パウロの純粋《じゅんすい》な気持ちで読んでみて初めてわかるんです。

パウロはある用語を使う場合に、パウロ流の考えがあるんですから、そのパウロの概念というものをのみ込《こ》んでおかなければだめです。何か違《ちが》った先入主で読むから、「ロマ書は、難《むずか》しい。どうしてこんなに難しいものを……。ロマ書がわかる時に、オレは信仰がわかるんだから」と言って、みんな努力しています。しかし、なかなか本物の信仰に至《いた》らない。いいですか、もう一ぺん言います。

信仰のみだといって、みんなが信仰、信仰とやっているけど、一向に救われないのはなぜか。福音とは、信ずる者に救いを得させる神の力なのであって、神の力が発動して救われるんです。ところが神の力が働かないから、パウロが言うような意味での「信ずる」という体験が起きないわけです。

この前、松井濱子《はまこ》さんがお話しになりました、

「自分のような、神から遠い泥沼《どろぬま》の中であがいていたような者が、ふと長井充《みつる》先生に触《ふ》れて、誘《さそ》われて幕屋の集会に行った」と。

初めて来た人は誰《だれ》でも、西も東も、キリスト教のＡＢＣもわかりゃしませんよ。知識はないんです。しかし、福音が満ちる場にあると、救われるということが始まるんです。

信仰とは神の力に触れる経験をいう。救われる経験が信仰なんです。

そして、その信仰から出発して、信仰にいよいよ進んでゆくんです。

そういう場合に、信仰というものは固定的な概念《がいねん》ではありません。流動的な概念です。どこまでも信仰は進んでゆかねばならぬものです。しかも、ダイナミックな力に触れる経験を信仰と呼《よ》んでいるんです。それを求めることを信仰というんです。

「信仰に始まり信仰に至《いた》らせる」という言葉のとおりです。「信仰による義人は生きる」からです。

「私はこの頃《ごろ》、信仰状態が悪くて」などと言う人があります。そんな人はまだ信仰がわかっていない。そのような自分の霊的 状況《じょうきょう》を信仰というんじゃない。そんな人間の信仰状態の良《よ》し悪《あ》しで、神様が左右されるということではありません。

「なぜあなたは萎《しお》れて信仰が無いかのような、スランプの状況ですか。それは、神の力から切《き》り離《はな》されているからです」と答えれば、いちばん早いんです。

私たちは、このロマ書を宗教哲学《てつがく》の書としては読みたくありません。これを、ただパウロが書いた言葉そのまま読んでゆきたいと思います。

幸田露伴《ろはん》の『五重塔《ごじゅうのとう》』

昨日、幸田露伴の『五重塔』という作品をドラマ化したテレビ番組を観《み》ておりました。私は、「ほう、なるほど」と思った。

＊

江戸時代に、一人の大工が谷中《やなか》・感應寺《かんのうじ》の五重塔を建てる物語です。それは百年に一つ有るか無いかのような、一世一代の大仕事です。それで、二人の大工がこの仕事をめぐって必死になって競《きそ》い合《あ》う。一人は有名な棟梁《とうりょう》。もう一人は、その棟梁の許《もと》で長らく徒弟に甘《あま》んじていたが、やっと独立した大工。しかし、和尚《おしょう》は有名な棟梁のほうじゃない、パッとしない大工のほうに、その大仕事を与《あた》えてしまう。

ところが、明日はいよいよ、この五重塔の落成式という前の晩《ばん》のことでした。ひどい台風が来て、まあ揺《ゆ》らぐの、揺らぐの、五重塔は潰《つぶ》れてしまいそうでした。

その時に大工の女房《にょうぼう》が、

「あんた、大丈夫《だいじょうぶ》ですか、五重塔《ごじゅうのとう》は」

「大丈夫」

「もしも明日の落成式の前に倒《たお》れたらどうなります」

「倒れん」

「あなたネ、ちょっとのぞいて見てごらん」

「のぞかんでもいい。ああ、倒れたらおれが死ぬ時だ」

「ちょっとつっかえて、倒さんで済《す》むなら」

「いや、倒れん。どうしておまえはおれの女房《にょうぼう》なのに、そんなにおれを信ぜんのか」

しかし、まあ女房に言われるままに嵐《あらし》の中に行ってみる。

すると、誰《だれ》かがいる。親方の棟梁《とうりょう》が来ている。こんな大嵐の時には、塔が倒れないように見回るのが、大工の棟梁の仕事ですから、弟子《でし》が建てた塔を助けるつもりで見張っていた。

「誰だ、そこにいるのは」

「おれだ」

「ああ親方、なぜ見張りをしますか、親方でもいけません。他人《ひと》が建てたものを」

「しかし、もし明日の落成式前に倒れたらどうする」

「倒《たお》れません」

「もし倒れたら、と言うのだ。おれはおまえを愛するから、それで、こんなにやって嵐《あらし》の中を見張っているんだ」

「いいや親方、なんぼ親方でもいけません。明日、お上人様《しょうにんさま》がまずこの塔《とう》に上られる儀式《ぎしき》が済《す》むまでは、あなたに渡《わた》ってもらっては困《こま》る」

「しかし、それが無事お上りになれるために、おれが頑張《がんば》っているんじゃないか」

「何を言いますか、江戸一の棟梁《とうりょう》といわれるあなたを差しおいて建てた塔です。あなたは、とうとう自分が建てずに、おれに下さった仕事です。あなたがさせた仕事です。おれが建てたんじゃありません。仏様が建てさせたんです。おれが建てた塔でないから倒れません」

＊

この『五重塔』のテレビ番組を観《み》ながら、ああ、この大工は宗教でいうならば、一つの極意《ごくい》に入っているなと思いました。

もし落成式の前に倒れたら大変だといって、かばうのも人情としてはいいですよ。しかしそれは人間の情なのであって、ある宇宙神明《うちゅうしんめい》と一つになった人間の境地とは違《ちが》う。仏の力で、我ならぬ力でこの仕事がやれた、またやりつつあるという場合に、不思議な保護があるということがわかります。自分が何かだとは思いもしません。これはもう宗教の域《いき》に入っています。

己《おの》が義にあらず

私が伝道する時に、いろいろ奇跡《きせき》が起きます。たとえば、この間、アメリカの加州(カリフォルニア)幕屋に行きました。その後、次々と不思議な出来事が起きたということをいっぱい手紙に書いてきております。しかし、私にとっては当たり前のことです。

あるいは、この前の日曜集会で、目の見えない唖《おし》の子のために祈りました。そうしたらその女の子が物を言いだしたと言って、お母さんが転《ころ》げ込《こ》んできて、泣くようにして喜んでくださったという報告を聞きました。それはよかったですね。昔だったら、私は大喜びしたでしょう。しかし、今はそうではありません。どうしてか。神様がお働きになるんだもの、私はただ僕《しもべ》にしかすぎない、と思っております。

叩《たた》き大工にしかすぎない人間に何ができるものですか。私は自分がしがない叩き大工だと思っていますから、己が義というものをもっていません。

ああ神様、あなたは義をお顕《あらわ》しになりました。神様、こういう不思議な祝福を兄弟にしてくださいましたね。ああ有《あ》り難《がた》い、と思っているだけです。

はっきり申します、私は神の義を高唱するために、私たちを通して神がいかに働きたもうかということを言いますよ。声を大にして証《あか》しします。しかし、それは己《おの》が義ではないんです。

神の業《わざ》と人間の業の違《ちが》い

もし、私がX君みたいに東大出の秀才《しゅうさい》だったら、自分の才を、知恵《ちえ》を誇《ほこ》ったでしょう。

しかし、私は名も無い学校しか出ていない。私は粗末《そまつ》な部類に属する過去の半生を送ってきたことを感謝しています。だから、己が力、己が知恵ではない、宇宙《うちゅう》を動かしつつありたもう不思議な神が、私と共にあってくださるんだなあ、ということをひしと感ずるんです。これは宗教の奥義《おくぎ》ですよ。

世の人だったら、ただ人間の義を、自分がエリートであることを誇ります。しかしながら、福音の世界は違うんです。人間の力も尽《つ》き果《は》てたところ、そこで大きな神の力に触《ふ》れて生きておる者が知っている世界です。

自分に絶望したことのない者は、なかなかこの神の力に触れません。自分で失敗したことのない者にはわからない。私はそれで、自分が失敗したことを感謝しております。戦時中の中国大陸で軍部に睨《にら》まれ、牢獄《ろうごく》にも入れられるような目に遭《あ》ったことが感謝です。私は牢獄の中で、

「救ってください、神様！」と叫《さけ》んだ。

そんなときは、自分ではどうにもならないもの。しかし、運命をも変えたもうものがあります。確かにあります。それを知っている大工と、自分の業《わざ》だけでやっている江戸一といわれる棟梁《とうりょう》との違《ちが》いがあります。その違いは、もう神の業と人間の極意《ごくい》との紙一重《かみひとえ》だけれども。そこが、難《むずか》しいものです。

祈ります。

信仰という言葉を誤解《ごかい》しないでください。もちろん、信仰が大事であるということについては間違いありませんよ。しかし、その信仰もどこから始まる信仰か、ということです。救いを得させる神の力、この内容に触《ふ》れなければ、その信仰は人間の信仰です。人間の信仰が強調されると、新しいパリサイ主義が発生します。そういうことは私たちはやめたい。

不思議な神様！　キリストがもち降《くだ》りたもうた御生命《おんいのち》よ、御聖霊《おんみたま》よ、御力《みちから》よ！　どうぞ、ここにおるところの百二十人の者に感応してください。そして、あなたご自身が信仰を起こしてください。信仰を始めてください！

（一九六八年四月十日）

16わたしは福音を恥《はじ》としない。それは、ユダヤ人をはじめ、ギリシア人にも、すべて信じる者に、救いを得させる神の力である。17神の義は、その福音の中に啓示《けいじ》され、信仰に始まり信仰に至《いた》らせる。これは、「信仰による義人は生きる」と書いてあるとおりである。

18神の怒《いか》りは、不義をもって真理をはばもうとする人間のあらゆる不信心と不義とに対して、天から啓示される。19なぜなら、神について知りうる事がらは、彼らには明らかであり、神がそれを彼らに明らかにされたのである。20神の見えない性質、すなわち、神の永遠の力と神性とは、天地創造《そうぞう》このかた、被造物《ひぞうぶつ》において知られていて、明らかに認《みと》められるからである。したがって、彼らには弁解の余地がない。

21なぜなら、彼らは神を知っていながら、神としてあがめず、感謝もせず、かえってその思いはむなしくなり、その無知な心は暗くなったからである。22彼らは自ら知者と称《しょう》しながら、愚《おろ》かになり、23不朽《ふきゅう》の神の栄光を変えて、朽《く》ちる人間や鳥や獣《けもの》や這《は》うものの像に似せたのである。

24ゆえに、神は、彼らが心の欲情《よくじょう》にかられ、自分のからだを互《たがい》にはずかしめて、汚《けが》す
ままに任せられた。25彼らは神の真理を変えて虚偽《きょぎ》とし、創造者《そうぞうしゃ》の代りに被造物《ひぞうぶつ》を拝《おが》み、
これに仕えたのである。創造者こそ永遠にほむべきものである、アァメン。
26それゆえ、神は彼らを恥《は》ずべき情欲に任せられた。すなわち、彼らの中の女は、そ
の自然の関係を不自然なものに代え、27男もまた同じように女との自然の関係を捨《す》て、
互にその情欲の炎《ほのお》を燃やし、男は男に対して恥ずべきことをなし、そしてその乱行《らんぎょう》の当
然の報《むく》いを、身に受けたのである。
28そして、彼らは神を認《みと》めることを正しいとしなかったので、神は彼らを正しからぬ
思いにわたし、なすべからざる事をなすに任せられた。29すなわち、彼らは、あらゆる
不義と悪と貪欲《どんよく》と悪意とにあふれ、ねたみと殺意と争いと詐欺《さぎ》と悪念とに満ち、また、
ざん言する者、30そしる者、神を憎《にく》む者、不《ふ》遜《そん》な者、高慢《こうまん》な者、大言壮語《そうご》する者、悪事
をたくらむ者、親に逆らう者となり、31無知、不《ふ》誠実《せいじつ》、無情、無《む》慈《じ》悲《ひ》な者となっている。
32彼らは、こうした事を行う者どもが死に価《あたい》するという神の定めをよく知りながら、自
らそれを行うばかりではなく、それを行う者どもを是認《ぜにん》さえしている。

第四講

福音の中に現れる神の義

ロマ書一章一六～三二節

ロマ書は、キリスト教の本質を最も明瞭《めいりょう》に示した書として有名であります。もしロマ書を読み間違《まちが》いますと、徹底的《てっていてき》に信仰が狂《くる》ってきます。皆さんの中には、神学者のカール・バルトはロマ書の講義でこう言っている、内村鑑《かんぞう》三先生はこう言っている、というようなことを思われる人がいるかもしれません。しかし、内村先生は内村先生、バルトはバルトでありまして、私とは違います。キリスト教界では、「バルトを超《こ》えることが今の神学の課題だ」などと言われますけれども、私はバルトなんかを超えようなどとは思っておりません。バルトは信仰がわかっていない。彼の神学はこじつけです。

私たちは神学者の議論《ぎろん》を用いずに、聖書そのものから、パウロ自身は何を言い、何を訴《うった》えておるかを学ぶことが大事です。パウロは、ローマの信者にこの書を書いたのでありまして、神学者や哲学者《てつがくしゃ》が議論《ぎろん》するような難《むずか》しいことを書いているわけではない。素直《すなお》に読んでゆけば、こんなにはっきりした福音はありません。彼はここで、「わたしは福音を恥《はじ》としない。それは、すべて信ずる者に、救いを得させる神の力である」(一章一六節)と、福音を定義しております。

福音とは、神の力なんです。神の力の中で私たちは救われるんです。それで、ロマ書を読む時には、ダイナミックに読むことが大事です。神学者や聖書注解学者はそうでない。彼ら自身に、まざまざとした力ある宗教経験がないからです。

このパウロの福音の定義は、ロマ書のいちばん大事な定義ですから、覚えておいてください。

福音の主題は神が働きたもうこと

神は生きておられるから働きたもう。働きたもう神様、これが福音の主題です。

死んだ神様、教理の神様、議論の神を伝えようとして、パウロは牢屋《ろうや》に入れられてまで一生懸《けん》命《めい》になって駆《か》けずり回《まわ》っておるわけではないんです。このように自明なことが、現今のクリスチャンにはわからない。だから、おかしなロマ書の本なんかは、お読みにならないほうがよいです。むしろロマ書をただそのまま読んで、「アーメン」と言ってわかれば、それで十分です。

神の義は、その福音の中に啓示《けいじ》され、信仰に始まり信仰に至《いた》らせる。これは、「信仰による義人は生きる」と書いてあるとおりである。

（一章一七節）

先ほど読みました一章一六節と、この一七節、この二節がロマ書の中心です。それについては、前の講義でお話ししたとおりです。

ここにロマ書の鍵《かぎ》を示す言葉があるんですから、何度もこれに照らしながら読んでゆくと横道にそれることがありません。そうでないと、すぐ横道にそれて、上っ面《うわつら》なとんでもない議論《ぎろん》に陥《おちい》るわけです。この二節がわかれば、この先は読まなくてもよいくらいです。

しかしながら、実際問題としてはいろいろ信仰上の問題がありますから、それに答えるために、パウロはこの二節をずっとパラフレイズ（敷衍《ふえん》）してゆきます。

神の聖なる不満

神の怒《いか》りは、不義をもって真理をはばもうとする人間のあらゆる不信心と不義とに対して、天から啓示される。

（一章一八節）

ここに「真理」という語があります。これは「真理」というよりも、「真《まこと》、実在」という意味ですね。ギリシア語で「αλήθεια《アレーセイア》　真」は、「α《ア》（打ち消し）」と「λανθανω《ランサノー》　隠《かく》れている」の合成語で、「隠れなきこと」、すなわち、明々白々たる天地公然の真を意味します。この真をはばもうとする人間、つまり神がありありと働きたもう力をはばもうとする者に対して神は怒《いか》られる。

一切《いっさい》の被《ひ》造物《ぞうぶつ》に神の御姿《みすがた》は顕《あらわ》れています。しかし人間は、なかなかそれがわからない。そのような、ちっとも霊的でない、あまりに物質的で皮相的な、この世的な人類に対して、神様は嫌《いや》でたまらない。この神の聖なる不満を「怒り」というんです。そのような神の怒りが顕れている、啓示《けいじ》されているのがわかるはずだといって、パウロ一流の議論《ぎろん》を展開《てんかい》してゆきます。

この「神の怒り」ということについて、現今の宗教家はずいぶん誤解《ごかい》している点があります。愛の神様がどうして怒るのだろう。そういう狭量《きょうりょう》な神様を説くなどということが、キリスト教の間違《まちが》いだと言う人がいます。名古屋で神秘的《しんぴてき》な宗教の活動をしている人が、私の書いたものについて賛意を表し、その雑誌《ざっし》に紹介《しょうかい》しておりました。しかしながら、「ただ一つ、神が怒るという思想は古代の宗教の遺物《いぶつ》であって、あなたはそれを捨《す》てなければならぬ」と、忠告《ちゅうこく》をくれました。

もちろん私は神の愛を強調しますよ。しかしながら、旧約聖書からずっと読んでみたら、神が怒《いか》るという場面も織り成すように出ております。だがこういう人たちは、神が怒るということは考えたくない。一つには考えないほうが楽だからです。

真《まこと》の愛は怒る

神様はなぜ怒るのか。結論《けつろん》から言うならば、ご自分が創造《そうぞう》したところの世界、宇宙《うちゅう》というものが、御意《みこころ》に反して進行するのはたまらない、ということです。神様は、ご自分の経営しておられる宇宙に対して、どこまでも責任をもっておられる。人間に自由意志を与《あた》えたにしても、ある限度があるのであって、どこまででも放任はなさらない。

親は子供《こども》が悪いことをしたら怒《おこ》ります。怒らない親は良い親ではないです。「いいよ、いいよ」といって甘《あま》やかしてばかりいたら、その子は立派《りっぱ》に育ちません。もし悪い癖《くせ》があったら、うちの子はどうしてこうなんだろう、と腹立《はらだ》たしく思う親こそ、本当の親です。妙《みょう》なもので、泥棒《どろぼう》でも自分の息子《むすこ》が泥棒することを歓迎《かんげい》しません。やっぱり「おまえだけは悪いことをしないでくれ、おれはしかたがないけれども」(笑い)と言います。これが愛です。本当の愛は怒ります。

聖書をよく読めば、神は怒る。怒ればこそ、真理を擁護《ようご》しようとする神の姿《すがた》を見ることができます。不動明王が、口から炎《ほのお》を吐《は》きながら剣《つるぎ》を持って立っておる姿《すがた》は、神の一面を示している像なんです。

もちろん神のもう一面は大いなる慈悲《じひ》と愛ですけれども、真《まこと》の愛は、腐《くさ》った状況《じょうきょう》も「よしよし」といって許すものではありません。

大自然は神の衣裳《いしょう》である

なぜなら、神について知りうる事がらは、彼ら(人間)には明らかであり、神がそれを彼らに明らかにされたのである。神の見えない性質、すなわち、神の永遠の力と神性とは、天地創造《そうぞう》このかた、被造物《ひぞうぶつ》において知られていて、明らかに認《みと》められるからである。したがって、彼らには弁解の余地がない。

(一章一九、二〇節)

神様は、ご自身をあらわに示しておられる。その神性は、天地創造このかた、山や海、動植物などの大自然の中で、また一切《いっさい》の被造物において悟《さと》ることができるものだ、とあります。

たとえば、いろいろな茶碗《ちゃわん》を見ても、「この茶碗は清水焼《きよみずやき》です。これは有田焼です」といって、その作られた場所がわかります。茶碗を作った人は見えなくても、作品を見れば、作者の面影《おもかげ》というか、いわく言いがたい手法や作り方といったものがわかります。

同様に、天地一切《いっさい》は神が造りたもうたのですから、すべての被造物《ひぞうぶつ》を通して、創造主《そうぞうしゅ》の意図というものがわかるんです。

イエス・キリストは、空飛ぶ鳥を指して、

「空の鳥を見よ、野の百合《ゆり》を見よ。そこに神の姿《すがた》、神の心を見よ」と説きたまいました。

大自然は神の黙示《もくし》です。神の創造したもうた天然のすべてを通して、神の量りがたき叡智《えいち》を知ることができます。空の鳥に、野の花に、見えざる聖手《みて》を見ることができる。

このように、自然を通して神の声なき奥義《おくぎ》を悟《さと》ることができるという立場から私は、日、月、火、水、木、金、土という曜日を瞑想《めいそう》し、神秘《しんぴ》な宗教心を養うために、『霊想の七曜経《しちようきょう》』を書きました。すると、「月を瞑想して神を覚えるなんて、手島のやり方は間違《まちが》いだ。神は啓示《けいじ》によってしか知られないのだ」と批判《ひはん》する人がいる。だがパウロはここで、一切の被造物、大自然を通して、神の見えないご性質を見ることができる、と言っています。

宗教心は人間の属性である

人類学者は次のようなことを言います、

「考古学の研究をすると、何万年も前の人類の遺骨《いこつ》が、墓場の中から発掘《はっくつ》される。それが丁重《ていちょう》に葬《ほうむ》られている。これは古代人でも宗教心があるからだ。人類の歴史と共に、宗教は切っても切れないものである」と。

だから、「宗教を信ずるのは迷信《めいしん》だ」などと言うけれども、それはむしろ人間を知らない人の話です。西洋に行ってみると、いろいろな優《すぐ》れた音楽、彫刻《ちょうこく》、絵画などがあります。何があのような文芸を創《つく》り出《だ》したかというと、すべて宗教です。宗教が霊感を与《あた》えたから、芸術でも、文学でも、進んだのではないか。詩も歌も生まれてきたのではないか。

このように宗教は、人類の発生以来、切っても切《き》り離《はな》すことができないくらい、人間の属性になっております。パウロが、「神について知りうること」、つまり「神に関する知識」というものは明らかであって、人間が本来もっておるものだ、と言うとおりです。

宗教教育をされようと、されまいと、人間は本性として宗教心をもっているんです。

私は、いろいろな宗教遍歴《へんれき》をしませんでした。幼《おさな》い時からキリストに呼《よ》ばれました。今でもまだ覚えていますね。小学校五、六年生の頃《ころ》、野球をしておりました。私はキャッチボールなんて下手ですから、友達が球拾いの外野にしか起用してくれない。めったに球が飛んでこないませんから、芝生《しばふ》に寝転《ねころ》んで目をつぶると、厳《おごそ》かな光が射《さ》してくる。ある時は、真っ赤な十字架が私の目交《まなか》いに映《うつ》ってくる。

ただ教会の日曜学校に二、三度行っただけで、キリスト教のことなんかまだ何も知らない子供《こども》です。だけれども、ああ、私の守護神は私を呼《よ》んでいたもう、ということを知っていました。どんなに幼《おさな》くとも、神はわかるんです。

偶像崇拝《ぐうぞうすうはい》の愚《おろ》かさ

なぜなら、彼らは神を知っていながら、神としてあがめず、感謝もせず、かえってその思いはむなしくなり、その無知な心は暗くなったからである。彼らは自ら知者と称《しょう》しながら、愚かになり、不朽《ふきゅう》の神の栄光を変えて、朽《く》ちる人間や鳥や獣《けもの》や這《は》うものの像に似せたのである。

（一章二一～二三節）

神様は決してご自分を隠《かく》しておられない。隠すべからざる公然たる存在《そんざい》が神です。しかし人間は、何ゆえこの公然たる神様がわからないんだろうか。これはキリストが無いからです。キリストの心というか、御霊《みたま》を受けない限り、わからない。

そのようにわからない者はどうなるのか。

二一節に、「その思いはむなしくなり、その無知な心は暗くなった」とあります。
「思い」というのは、「διαλογισμος《ディアロギスモス》 分別力、理解力」のことです。「ματαιουμαι《マタイウーマイ》 むなしくなる」は、「思《おも》えば思うほど思い煩《わずら》って疑《うたが》ってゆく、考えれば考えるほどわからなくなる」ことをいいます。「無知な」は、「ασυνετος《アシュネトス》 知能がない、精神薄弱《はくじゃく》の」という意味です。人類は、精神的にますます劣《おと》ってゆくということですね。

こうして神無き人は、自ら知者と称《しょう》しながら愚《おろ》かになり、神の朽《く》ちざる栄光を拝《はい》することをせずに、朽ちる人間や鳥や獣《けもの》を拝《おが》むようになってしまった。

偶像礼拝《ぐうぞうれいはい》を見てみると、蛇《へび》や獣や魚など、被造物《ひぞうぶつ》の中の強そうなものを拝んでいて、いかに人間が愚かであるかがわかる。こんなに賢《かしこ》い先生がと思うような人が、くだらない偶像を後生大事に拝んでいる。それは御利益《ごりやく》を願うからです。またすべてを造られた、本当の神を知らないからです。

しかし、キリスト教徒と称する者が、真《まこと》の神を知っているかというと、知ってはいません。生ける神の力に生きていない限り、知ってはいないんです。単なる理想を、教理を信仰しているのであれば、それは一種の偶像崇拝《すうはい》です。

また最近の人は理性を偶像にしている。ですから、利口なはずが、かえって理性がくらんでしまう。神無き人は、利口そうでちっとも利口でありません。そうして、理性が暗くなるだけではありません。万物《ばんぶつ》の霊長であるべき人間が、拝《はい》すべからざる偶像《ぐうぞう》を拝《おが》む。鳥や獣《けもの》や魚や蛇《へび》といったようなものを拝む。一体これは何だ、というわけです。

二四節から、さらにそれを敷衍《ふえん》してゆきます。


ゆえに、神は、彼らが心の欲情《よくじょう》にかられ、自分のからだを互《たがい》にはずかしめて、汚《けが》すままに任せられた。彼らは神の真理を変えて虚偽《きょぎ》とし、創造者《そうぞうしゃ》の代りに被造物《ひぞうぶつ》を拝み、これに仕えたのである。創造者こそ永遠にほむべきものである、アァメン。（一章二四、二五節）

ここに、「παρέδωκεν《パレドーケン》 任せられた」と訳《やく》された語が、二六節にも、それから二八節にもあります。これは「放任する」というよりも、「引《ひ》き渡《わた》す、捨《す》てる」ということで、監獄《かんごく》にでも悪《あく》魔《ま》にでも渡してしまう、という意味です。

「創造者の代りに被造物を拝み」は、「創造者を差しおいて、創造者に勝《まさ》って、創造者に反して」と訳すべきです。人間は愚《おろ》かにも創造者を差しおいて被造物を拝み、これに仕えるようなことになってしまった、というんですね。

しかし、「この創造者《そうぞうしゃ》こそ永遠にほむべきものである」。「ευλογητος《ユーロゲートス》　ほむべきである」は、良いもの、美しいものを、ほめるという意味です。

こんなに素晴《すば》らしい神様なのに、それを放《ほ》ったらかして、造られたものを拝《おが》んでいることにパウロは腹《はら》が立ってしょうがない。「神こそは賛美すべきだのに」と言って、突然《とつぜん》、こうやって神への賛美に変わっています。

聖書を一貫《いっかん》する思想

このように愚《おろ》かな、偶像礼拝《ぐうぞうれいはい》といったようなことがなぜ起きるのか。

少し前の一章一八節に、「あらゆる不信心と不義」という言葉があります。それが問題なんだということです。

不義とは不道徳のことだ、と多くの人は解釈《かいしゃく》していますが、そうではありません。

パウロは、人間が己《おのれ》を義(正しい)とする心を不義と言っているんです。神の義というものを否《ひ》定《てい》する、無視《むし》することが不義なんです。この不義がいろいろな罪を生み、また罪の結果を生んでゆく。

真《まこと》の神を神とせずに不義に陥《おちい》ると、一切《いっさい》のことが狂《くる》ってきます。なぜ人間が間《ま》違《ちが》って、すっかりだめになり腐敗《ふはい》してしまうかというと、それは神との関係が正しくなくなってしまうからです。

この神との正しい関係を「義」というんです。

神との関係がまっすぐでないから、神様のご性質にあやかることもなく、神の心もわからない。それで一切《いっさい》が狂《くる》ってくる。ですから、私たちにとっては信仰が大事です。すなわち、神との関係が正されることが大事なんですね。これが、聖書がずっと一貫《いっかん》して言おうとする思想です。

人間ですから、失敗したり、間違《まちが》ったり、不道徳なことをやったり、また時には堕落《だらく》したりすることもあります。しかしながら、私は人の不道徳はあまりとがめません。不信仰をとがめます。「神様が生きていましたもうのに、なぜあなたはそんなことをしたのですか。神を神として畏《おそ》れないから、神と共に生きていないから、そういうことになるんだ」といって、やかましく言うんです。間違いを犯《おか》すというのは、それは結果論《けっかろん》です。この有《あ》り難《がた》い、もったいない神様と共に生きておったら、間違えろと言ったってもう間違いません。もちろん、私たちは偽《いつわ》りの世の中に住んでいますから、上手に生きなければいけません。パウロでも人間でしたから、しくじりや間違いはあったでしょう。

しかし、ここでパウロが言っておるのは、聖者のように生きよという意味ではない。そういう道徳的なことを言っているのではありません。

彼がロマ書で徹底的《てっていてき》に論《ろん》じているのは、「信仰の義によって救われる」ということなんです。信仰によって、神の恩恵《めぐみ》の力が注がれてきて救われる。神様が下さるご性質にあやかることによって、私たちは救われるんです。生まれながらの人間が、どれだけ逆立ちしたって救われない。もし人間の力で救われるように思うならば、それを不義というんです。

ロマ書は、五～八章を読むとわかりますが、このように不義といいますか、神との正しい関係にない場合には、神の怒《いか》りを招く、と言っている。また、罪を犯《おか》す、律法《りっぽう》に違《い》反《はん》する、最後には死というものに呑《の》まれてしまうのだ、と。そこから脱出《だっしゅつ》させられることが救いなのだ、と訴《うった》えています。これは、ずっと読んでいったらわかります。

なお、神を知らない結果、人間はどこまで堕落《だらく》してゆくかわからないということを、二六節以《い》降《こう》で言っています。

古代ローマの堕落ぶり

それゆえ、神は彼らを恥《は》ずべき情欲《じょうよく》に任せられた。すなわち、彼らの中の女は、その自然の関係を不自然なものに代え、男もまた同じように女との自然の関係を捨《す》てて、互《たがい》にその情欲《じょうよく》の炎《ほのお》を燃やし、男は男に対して恥《は》ずべきことをなし、そしてその乱行《らんぎょう》の当然の報《むく》いを、身に受けたのである。

（一章二六、二七節）

二六節からはあまりにひどいですから、口語《こうご》訳《やく》聖書は上手に意訳しておりますね。「神は彼らを恥ずべき情欲に任せられた」。ここは「任せた」ではない、神様は「打《う》ち捨《す》てた」のです、欲情に。ここでいうのは性的な情欲です。すなわち、彼らの中の女も男も、人間本来の自然な関係を捨てて、恥ずべきことをなすようになった。ここで「θηλεια《セーレイア》　女」という語を使っております。たいがい女に対しては「γυνη《ギュネー》　婦人」という語を使いますが、この「θηλεια《セーレイア》」は「雌《めす》」です。動物には雄《おす》、雌がありますが、その「雌」です。

パウロにすれば、「γυνη《ギュネー》　婦人」という尊称《そんしょう》を奉《たてまつ》りたくない。女と認《みと》めていないわけです。男についても、「αρσην《アルセーン》　雄」です。人間の男と言いたくないので、わざとこう書いている。

「その自然の関係を不自然なものに代え」は、自然というよりも本性ですね、本性に反したものに代えてしまった。互《たが》いに情欲の炎を燃やして、男は男に対して恥ずべきことをなした。そして、「乱行」というよりも「迷い」です。迷いの当然の報いをその身に受けたのである。

古代ローマの風俗《ふうぞく》の堕落《だらく》ぶりを私はあまりよく知りませんから、そこで何が行なわれておった

か言えません。この箇所《かしょ》の直訳《ちょくやく》の意味は、

「彼らの雌《めす》は用途《ようと》を本性に反してしまい、男もまた同じように女との本来の関係を捨《す》てて、互《たが》いにその情欲《じょうよく》の炎《ほのお》を燃やし、雄《おす》は雄同士で恥《は》ずべきことをなし、そしてその乱行《らんぎょう》、迷いの当然の報《むく》いを身に受けたのである」ということです。

大阪でも、オカマというのがおります。男・オンナです。実際は男ですけど、髪《かみ》を長く伸《の》ばしてパーマネントをかけて、女みたいな声を出す。そして胸《むね》までふくらんでいる。まあ、あんまり言うまいかなあ(笑い)。

東京では何と言いましたかね。(「ゲイ・ボーイと言うんです」)そう、ゲイ・ボーイ。男の誇《ほこ》りを捨てて、何だろうかと私たちは思う。しかし、迷いに迷いだしたらこんなになる。

全くロマ書に書いてあるとおりです。神を見失った人間の末路というものがなんと哀《あわ》れだろうか。そういうローマ時代のただれた性的風習というものがあった。人間がいかにだめになってしまったか、こういうことでわかります。

ただれきった人間の心

そういう獣《けもの》よりもあさましい状況《じょうきょう》というものをパウロは嘆《なげ》いて、「ローマ人よ、考えてごらん」と言う。しかし、ただれきった人間の心には、もうこれがわからない。

そして、彼らは神を認《みと》めることを正しいとしなかったので、神は彼らを正しからぬ思いにわたし、なすべからざる事をなすに任せられた。

（一章二八節）

「彼らは神を認めることを正しいとしなかったので」の「δοκιμάζω《ドキマゾー》　正しいとする」は、「試験する、合格と認める」という意味です。神を認めるということを良しとしなかったので、神は彼らを不合格にされた。こりゃだめだといって、なすべからざることをなすに任せられ、打《う》ち捨《す》てられた。もうこんな人間は処置《しょち》なし、とあきれてしまっている。

これが不義といいますか、神との正しい関係にない、神の義を着ていない結果であります。そのような者は、どうなるのか。

すなわち、彼らは、あらゆる不義と悪と貪欲《どんよく》と悪意とにあふれ、ねたみと殺意と争いと詐《さ》欺《ぎ》と悪念とに満ち、また、ざん言する者、そしる者、神を憎《にく》む者、不遜《ふそん》な者、高慢《こうまん》な者、大言壮語《そうご》する者、悪事をたくらむ者、親に逆らう者となり、無知、不誠実《ふせいじつ》、無情、無慈悲《むじひ》な者となっている。

（一章二九～三一節）

「不義」という語は「αδικια《アディキア》 不正」です。「悪意」と訳《やく》されている語は、「κακια《カキア》 邪悪《じゃあく》」ですね。心の中が、悪意、貪欲《どんよく》、邪悪でいっぱいになりますと、どうなるか。「ねたみと殺意」はわかりますね。「争い」というのは「徒《と》党心《とうしん》」です。「詐欺《さぎ》」というのはずるい計画を企《たくら》むことをいう。

「悪念」というのは悪い欲情に溢《あふ》れさせることです。そういったものが心に満ちるようになる。

「神を憎《にく》む者」は訳《やく》が悪い、「神に憎まれる者」です。サタンは神に憎まれる者です。

「不《ふ》遜《そん》な者」というのは「無礼な者」。「大言壮語《そうご》する者」は「ほら吹《ふ》き」です。

「悪事をたくらむ者」というのは、何事も悪くとる、悪い事に興味がある、そしてまた悪事を計画する者のことをいう。「不《ふ》誠実《せいじつ》」というのは「約束を違《たが》えること」。

「無情な者」という語は「人間の情愛、親子兄弟の情をもたない冷酷《れいこく》な者」を指します。このようなひどい状況《じょうきょう》になっている、というんですね。

彼らは、こうした事を行う者どもが死に価《あたい》するという神の定めをよく知りながら、自らそれを行うばかりではなく、それを行う者どもを是認《ぜにん》さえしている。　（一章三二節）

「死に価《あたい》する」というのは、ただ肉体の死ではない。精神的な死のことです。次の世界で地獄《じごく》に至《いた》るといいますか、この世からすでに地獄でしょうけれども、それを死というんです。霊的な、精神的な死です。

死に価するという神の定めをよく知りながら、自らそれを行なうばかりでなく、それを行なう者どもを是認《ぜにん》さえしている。「是認する」ではなくて、「賛意を共に表する」ですね。「だから、ああ、すべて人をさばく者よ」といって二章が始まりますが、もう止《や》めておきましょう。

解脱《げだつ》せしめる生命力

一章では、神を知らない異邦人《いほうじん》、異教徒に対して、「神がわからないために、こんなひどい、哀《あわ》れむべき人類に堕落《だらく》しているじゃないか」ということを言い、二章では、ユダヤ人に対して「聖書を知るユダヤ教徒でありながら、もっと悪いじゃないか」と言っております。

パウロは何も異教徒だけを攻撃《こうげき》しておるわけではないんです。結局、神を知らない、キリストを知らないということは、どちらにとっても致命傷《ちめいしょう》ですね。

こういう書き出しで、パウロはずっと論旨《ろんし》を進めてゆきます。

それで、キリストの福音とは何かというと、このような恐《おそ》ろしい堕落《だらく》した人間の状況《じょうきょう》から私たちを救ってくれる、解放してくれる、解脱《げだつ》させてくれることをいうんです。しかし解脱といっても、ただではできません。それに必要な生命力が私たちに来なければ、解脱なんかできやしません。どれだけ座禅《ざぜん》を組んだってできません。必要なのは、その動力となる霊的生命が来なければだめです。

結局救いとは何かというと、永遠の生命《いのち》、聖霊の生命に与《あずか》らなければ、私たちはほんとうに救われることはないんです。

これが、神の義に与るということです。

私たちには、こんなに難《むずか》しい議論《ぎろん》をしなくてもいいんです。けれども、ユダヤ人は理屈《りくつ》っぽい、また理屈が好きな人たちはロマ書を読んだらわかったような気がするんです。しかし頭でわかることではありません。

大事なことは、天よりの生命を、力を受けて、不思議な生涯《しょうがい》を歩くことです。

皆様がたがこの世の人と違《ちが》って、天国の前味《まえあじ》を少しでも味わいながら生きることは、なんとうれしいことかを証《あか》しされますから、有《あ》り難《がた》くてなりません。

（一九六八年四月十七日）

〔第五講　ロマ書二章一～五節〕

1だから、ああ、すべて人をさばく者よ。あなたには弁解の余地がない。あなたは、
他人をさばくことによって、自分自身を罪に定めている。さばくあなたも、同じことを
行っているからである。2わたしたちは、神のさばきが、このような事を行う者どもの
上に正しく下ることを、知っている。
3ああ、このような事を行う者どもをさばきながら、しかも自ら同じことを行う人よ。
あなたは、神のさばきをのがれうると思うのか。4それとも、神の慈愛《じあい》があなたを悔《くい》
改《あらた》めに導くことも知らないで、その慈愛と忍耐《にんたい》と寛容《かんよう》との富を軽《かろ》んじるのか。5あなた
のかたくなな、悔改めのない心のゆえに、あなたは、神の正しいさばきの現れる怒《いか》りの
日のために神の怒りを、自分の身に積んでいるのである。

第五講

神の慈愛《じあい》が悔《く》い改《あらた》めに導く

ロマ書二章三〜五節

一章の終わりでパウロは、異邦人《いほうじん》の罪、神に対する不信仰というものを責めました。それならば、ユダヤ人は例外かというと、決してそうではない。二章では、神を知っておりながら、なお悔い改めないならば、かえって悪いではないかということを申すのであります。

ああ、このような事を行う者どもをさばきながら、しかも自ら同じことを行う人よ。あなたは、神のさばきをのがれうると思うのか。それとも、神の慈愛があなたを悔改めに導くことも知らないで、その慈愛と忍耐《にんたい》と寛容《かんよう》との富を軽《かろ》んじるのか。あなたのかたくなな、悔改めのない心のゆえに、あなたは、神の正しいさばきの現れる怒《いか》りの日のために神の怒りを、

自分の身に積んでいるのである。　（二章三～五節）

五節に、「悔改《くいあらた》めのない心のゆえに」とありますが、新約的信仰の根本は、まず悔い改めといいますか、コンバージョン（回心）にあります。キリスト教は悔い改めた者の宗教であります。

聖書が「悔い改め」というのは、懺悔《ざんげ》するということではありません。

原文の「μετανοια《メタノイア》　悔い改め」とは、自分の「νους《ヌース》　心、思い」が「μετα《メタ》　変化」するという意味です。聖霊によって、すっかり心が入《い》れ替《か》えられることです。これは、体験した者にはよくわかります。

今のキリスト教では、「人間は罪深い。神の裁《さば》きにあったら、ひどいぞ」と言って脅《おど》します。そうして、監獄《かんごく》に入れられた罪人が刑罰《けいばつ》を恐《おそ》れておののき、悔い改めるようなことをさせようとする。しかし聖書は、そのような悔い改めを、メタノイアとは言っていません。

ここに、「神の慈愛《じあい》があなたを悔改めに導く」（二章四節）とあります。

この言葉が大切です。「慈愛」と訳《やく》された「χρηστος《クレーストス》」という語は、「親切な心、一方的な愛、恵み深い慈悲」のことです。パウロは「慈愛と忍耐《にんたい》と寛容《かんよう》との富を軽《かろ》んじるな」と言っている。「富」というのは「豊か」であるということです。

慈愛《じあい》と忍耐《にんたい》と寛容《かんよう》の富

私たちが神に立ち帰る、回心《メタノイア》ということがなぜ起こるか。

ロマ書がここで明らかにしておるように、心がすっかり入《い》れ替《か》わるのは、神の慈愛のゆえであります。罪深い人間は、神に赦《ゆる》され、神の愛によって魂が呼《よ》び覚《さ》まされて悔《く》い改《あらた》めますけれども、刑罰《けいばつ》によっては悔い改めません。

自分のように罪が赦されるに価《あたい》しない者に対して、神は一方的に慈愛と忍耐と寛容をもって導いてくださる。人間のしくじりに対して神様は寛容なんです。

また、いつになったら心が変わるだろうかと、神様は待っておいでになる。頑固《がんこ》で悔い改めない心を、忍耐しておってくださればこそ、私たちはついにお手上げして、「神様！」と立ち帰るんじゃないですか。

忍耐といい、寛容といい、「χρηστος《クレーストス》 慈愛」の一面です。それを大きい意味で愛といいます。私たちは神様の御前《みまえ》に出ると、いかに罪深い人間であったかを感じます。しかしなお神様は赦して、大きな神の国の饗宴《きょうえん》に入れようとしておられることを知ります。

しかるに、私たちには背《そむ》く心があって、どうしても素直《すなお》に神の国の饗宴に入れない。そのように神の生命《いのち》を受《う》け嗣《つ》ぐことができずにいるのはなぜか。それは、「悔《く》い改《あらた》め」ということがないからです。

大事なことは、私たちが悔い改めて神のものとなり、神の永遠の生命《いのち》と力を、神のご栄光を示しうる者になることこそ目標なのです。

裁《さば》きの日に耐《た》えうる信仰

私たちは、キリスト教の信仰をもっております。しかし、偽《いつわ》りの信仰はもちたくありません。裁きの日に耐えうる、どんなに試験されても大丈夫《だいじょうぶ》であるという信仰をもつことが大事です。このことは、皆様に言っているのではありません。私自身に言い聞かせておるんです。

モーパッサンという小説家が、十九世紀のフランスにおりました。彼の短編小説に『首飾《くびかざ》り』というのがあります。昔読んだもので、詳《くわ》しい内容は忘《わす》れましたが、要点はこうです。

＊

ある小役人が舞踏会《ぶとうかい》に招待されました。

その妻は、知り合いの貴婦人《きふじん》から立派《りっぱ》な宝石箱《ほうせきばこ》に入ったダイヤの首飾りを借りて、着飾って出かけて大いに脚光《きゃっこう》を浴びた。ところが、喜びのあまりにはしゃぎすぎてか、家に帰り着いてコートを脱《ぬ》いでびっくり、首飾《くびかざ》りがない。どこで失ったのか。落としたのか、盗《と》られたのか、とにかくない。それで大変な苦しみをこの女は味わいます。

次々と宝石店を回って、やっと同じようなダイヤの首飾りを見つけたが、値段《ねだん》はなんと四万フランという。あらゆる親族、友人、知人から借り集めたが足りず、高利貸しからまで借りて、やっとそれを購入《こうにゅう》することができ、知られないように箱に入れて返し、事なきを得ました。

それから十年間というもの、食うものも食わず、行きたいところにも行かず、貧乏《びんぼう》に耐《た》えに耐えてやっと借金を返済《へんさい》できたので、その貴婦人《きふじん》のところへ行って真実を告白しました。

すると、その貴婦人が言いました、

「あなた、そりゃお気の毒に。あれは模造品《もぞうひん》のダイヤで、せいぜい五百フランぐらいの品だったの。そんなにまでして弁償しなくてもよかったのに」と。

＊

容貌《ようぼう》まですっかり変わってしまうほど必死になって、馬車馬のように働いた十年間という長い月日、それらがすべて無駄《むだ》になったという小説です。

私たちはどうでしょうか。こうやって聖書を学んで、本当のキリストの信仰を身につけようと努力しながらも、十分、実っていないんじゃないか。キリストの弟子《でし》らしい、力と徳と光と生命《いのち》をもっているかどうか。自分に乏《とぼ》しさをお互《たが》い感じはしないでしょうか。

ご恩寵《おんちょう》になれすぎて

ロマ書のこういうところを講義してみましても、ただ言葉の言《い》い換《か》えでしたら、何にもならないと思うんです。大事なことは、ロマ書が言っているところの聖霊の生命を、まことに受《う》け嗣《つ》ぐのでないならば、後で裏切《うらぎ》られたという、むなしさが残ります。

私たちは、東京という悪の環境《かんきょう》に住んでいます。悪魔《あくま》の手先がいっぱい満ちているから、なかなかこのような所で信仰するのは難《むずか》しい、そう思いがちです。

それは、自分が本気にならないからです。

私たちは、神の一方的なご恩寵になれすぎて、どうだ、こうだ、と弁解して生きておったら、これはロマ書を読む資格がないと思う。

「ああ、すべて人をさばく者よ。あなたには弁解の余地がない」（二章一節）と言って、パウロが呼《よ》びかけておりますように、今日は、私はここを講義する勇気がありません。

まず自分自身が神の御前《みまえ》に悔《く》い改《あらた》めて、もう一度、神の義を着せられることです。

自分が存在《そんざい》するだけで、多くの人々が恵まれ、救われる現実を取《と》り戻《もど》すのでないならば、むなしいと思います。口でただ「原始福音は良いんだ」と言う。しかし、現在のこの程度の信仰でよいか。

私はいつも自分に不満です。自分の人生、あと何年もない。長く生きても十年、短ければ数年。この程度で終わるなら、たまらないという気がするんです。神のご栄光を現しえないことがたまりません。優《すぐ》れた神の人たちを見ると、この程度ではなかったなあと思うからです。

パウロは申します、

「あなたは、神のさばきをのがれうると思うのか。それとも、神の慈愛《じあい》があなたを悔改《くいあらた》めに導くことも知らないで、その慈愛と忍耐《にんたい》と寛容《かんよう》との富を軽《かろ》んじるのか」(二章三、四節)と。

神は裁《さば》くんじゃないんです。愛しているんです。しかし、愛にも限度があります。神様は愛に耐《た》え難《がた》くしておいでになる。私たちはこのままではいけません。

天の父は待っておられる

神様は、私たちを驚《おどろ》くべき恵みに入れるために忍耐しておられる。いつになったら入ってくるのかといって、待っておいでになる。

イエス・キリストは、ルカ伝一五章で次のように言われました。

「ある人に二人の息子《むすこ》があった。その弟のほうが父親に言った、

『お父さん、あなたの財産のうちで、わたしが頂《いただ》く分を下さい』

そこで父は、その身代を子たちに分けてやった。それから幾日《いくにち》もたたないうちに、弟は自分のものを全部とりまとめて遠い所に行き、そこで放蕩《ほうとう》に身を持《も》ち崩《くず》して財産を使い果たした」

私の話をじっとお聞きください。これは誰《だれ》のことでしょうか。

「何もかも浪費《ろうひ》してしまったのち、その地方にひどい飢饉《ききん》があったので、彼は食べることにも窮《きゅう》しはじめた。そこで、その地方のある人のところへ行って身を寄せたところが、その人は彼を畑にやって豚《ぶた》を飼わせた。彼は豚の食べるいなご豆で腹《はら》を満たしたいと思うほどに落ちぶれてしまったが、何もくれる人はいなかった。

そこで彼は本心に立ち帰って言った、

『父のところには、食べ物の有り余っている雇《やと》い人《にん》が大勢いるのに、わたしはここで飢《う》えて死のうとしている。立って父のところへ帰り、こう言おう。

お父さん、わたしは天に対しても、あなたに向かっても、罪を犯《おか》しました。もうあなたの息子と呼《よ》ばれる資格はありません。どうぞ雇い人のひとり同様にしてください』と。

放蕩息子の帰還（レンブラント画）

そう決心すると、立ち上がって父のところへ出かけた。

父親は遠く離《はな》れていたのに、彼を見るや、哀《あわ》れに思って走り寄り、その首を抱《いだ》いて接吻《せっぷん》した。……

父は下僕《しもべ》たちに言いつけた、

『さあ早く最上の着物を出してきて、この子に着せよ、指輪を手にはめてやれ、はきものを足にはかせよ。また肥《こ》えた子牛を引いてきてほふれよ。共に食べて楽しもうではないか。この息子《むすこ》が死んでいたのに生き返り、いなくなっていたのに見つかったのだから』と。

それから、祝宴《しゅくえん》が始まった――」。悔《く》い改《あらた》めとは、こういうことです。

私たちは、このように神と共にある喜びの中に浸《ひた》って生きているでしょうか。

たとえ物に乏《とぼ》しくとも、毎日、霊の祝宴に溺《おぼ》れるくらいにあるでしょうか。なかったならば、私たちは神の国にまだ入っていないのです。魂が死んでいるんです。

最初の志を失うな

私たちがほんとうに神の懐《ふところ》に立ち帰って恵まれ、神と共に祝宴《しゅくえん》の席に着くのでないならば、不孝な息子《むすこ》です。兄と同じパリサイ的な信仰で、ちっともコンバージョン(回心)した喜びも楽しみもない毎日が続きます。

自分の中に驚《おどろ》くべき力が、富が用意されている。神様は、それを私たちに発見させるために、こうやって召《め》しておられるのに、まだそれに至《いた》っていないならば、残念なことです。私たちの周囲を見ると、神なしに、信仰なしに生きている人が非常に多い。物質の奴隷《どれい》になって生きている。私たちはそういう人たちと同じでよいか。

また信仰があるといっても、それは名ばかり。妥協的《だきょうてき》で、微温的《びおんてき》な信仰を続けてみても、ラオデキヤの教会のように、

「熱くもなく、冷たくもなく、なまぬるいので、あなたを口から吐《は》き出《だ》す」(黙示録《もくしろく》三章一六節)と言われるだけです。そんなクリスチャンと言われたくない。幕屋人といっても変《か》わり映《ば》えがしないならば、私たちはたまりません。せっかく最初に志した時の目的を失って、いつの間にかウヤムヤに、いいかげんにしている。

「もし心をつくし、精神をつくして、主を求めるならば、あなたは主に会うであろう」(申命記《しんめいき》四章二九節)と書いてあるが、花嫁《はなよめ》が花婿《はなむこ》に出会う時のような喜び、その喜びにも優《まさ》った、キリストと出会う驚《おどろ》くべき喜びがあります。

それは魂の喜びです。この喜びがまだ始まっていないならば、否《いな》、あったけれども、それは過去にあったというならば、これは嘆《なげ》かわしいことです。

キリストを傷《いた》める者は誰《だれ》か

せっかく私たちに信仰を起こさせ、お召《め》しになったキリストの御思《みおも》いを、もういっぺん考えてみる必要があります。私たちは、いつの間にか泥《どろ》まみれになりました。しかしながら、試みを経て魂は強まってくるんです。

預言者ホセアは言いました、

「それゆえ、見よ、わたしは彼女をいざなって、荒野《あらの》に導いて行き、ねんごろに彼女に語ろう。その所でわたしは彼女にそのぶどう畑を与《あた》え、アコル(艱難《かんなん》)の谷を望みの門として与える」(ホセア書二章一四、一五節)と。

人生の試みに出合うことは辛《つら》い。けれども、私たちの信仰が同じことの繰《く》り返《かえ》しならば、これは普通の誘惑《ゆうわく》以上の大きい神の誘惑、キリストの誘惑というものを知らないからです。

キリストに誘《さそ》い出《だ》されると、本能的にたまらないようにうれしい欲求《よっきゅう》が起こります。毎日、祈っても涙《なみだ》、祈っても涙、どうしてこんなに尽《つ》きぬ喜びが突《つ》き上《あ》げてくるのだろうか。初恋《はつこい》にも似たような霊的感情が起きるんです。

しかし、いつの間にか心が頑《かたく》なになって硬化《こうか》しますと、もう昔の喜びがありません。あの初心《うぶ》な時の喜びを失って、ごまかしの信仰が続いていたらたまらない。

これこそ、私たちがキリストを十字架にかけているというものです。

不信仰な者が十字架にかけているのではない。「原始福音」と言って、いちばん信仰を知っておりながら、キリストの力を用いず、神の霊によって生きず、戦わず、神と共に歩いていないならば、これこそキリストを傷《いた》める者、私たちよりはなはだしき者はない。

もう一度、十字架にかけられたキリストを瞑想《めいそう》しとうございます。

キリストを十字架にかけて血を流させつつあるのは、他人ではありません。私たちの悔《く》い改《あらた》めない頑固《がんこ》な心、ごまかしておる信仰が、キリストを十字架にかけて、キリストの御血汐《おんちしお》の尊《とうと》さというものを人々に見せずにおります。私たちがキリストの血を証《あか》しせずに、誰《だれ》がするのか。これは、皆さんに言っているのではありません、私に言い聞かせておる言葉です。

どうか、神様、私を赦《ゆる》してください。
もう一度、あなたの御血汐《おんちしお》に酔《よ》わせてください。……（祈りが高まり、先生の声が聞こえない）
あなたの御血汐に酔うたことのあるあの日を、どうか私に返してください。
皆で祈ります。（激《はげ》しい祈りが続く）

生命《いのち》に至《いた》る門は狭《せま》い

祈りを静めて……。幕屋聖歌の九四番を祈り心で歌います。

神より出《い》でし　身をわすれて
やがて朽《く》つべき　世のたからを
あだに慕《した》いし　おぞましさよ
いまは悟《さと》りぬ　いまは悔《く》いぬ
父のかみよ　すくいたまえ
心をつくして　わがたよれば

私たちにとって大事なことは、いつも自分の現在を反省し、「これではたまらない！」という心が起きなければ、信仰は進歩しません。「これでいいんだ、おれは原始福音なんだ」、こういう傲慢《ごうまん》な心が、いちばん自分をサタンの手先にしてしまいます。キリストの弟子《でし》らしくありたいと思うなら、とても自分は御弟子《みでし》に数えられないという気持ちが、先に起こることが大切です。

私たちは、今まで信仰ということをいいかげんにしてきたのではないか。

一方的ご恩寵《おんちょう》という言葉はよい。けれども、そのような驚《おどろ》くべき御愛があるなら、もっと感激《かんげき》すべきではなかったか。神様は、私たちを召《め》したもうた。それについては、何か神様の思《おぼ》し召《め》しがある。しかし、私たちはキリストの御国《みくに》を嗣《つ》ぐ者として、まだ十分でない。ふさわしくないならば、もう一度、ここで神様の聖前《みまえ》にへりくだって執《と》り成《な》しを乞《こ》う必要があります。

ある人がキリストにお尋《たず》ねしました、

「主よ、救われる者は少ないのですか」と。そうしたら、少ないとか、多いとか言われず、「汝《なんじ》ら、力をつくして狭《せま》き門より入れ。汝らに告ぐ、多くの者が入ろうと求めるだろう。そして、できないだろう」（ルカ伝一三章二三、二四節）と言われた。また、

「狭い門からはいれ。滅《ほろ》びにいたる門は大きく、その道は広い。そして、そこからはいって行く者が多い。命にいたる門は狭く、その道は細い。そして、それを見いだす者が少ない」（マタイ伝七章一三、一四節）と言われました。

私たちはどうでしょうか？

伝道者であるならば、この狭《せま》い門から入る者であることを自覚し、キリストが選びたもうた十二使徒のようでありたい。また、キリストは七十二人の御弟子《みでし》をガリラヤから各地に伝道に遣《つか》わしたもうたが、もし平信徒《レイマン》であるならば、それにふさわしい七十二人に数えられたい。

私たちがほんとうにキリストの弟子らしく、狭い道を歩こうとしているならば、キリストもエマオ途上《とじょう》の二人の御弟子に現れたもうたように、髣髴《ほうふつ》としてやっておいでになります。キリストが共に歩いてくださるときに、そこに奇跡《きせき》と栄光が現れずにはおきません。

もし、私たちを通して何も起こらない毎日が続いているなら、ここで恥《は》じる必要があります。

神様、どうか、私を通して現代に奇跡を現してください。栄光を現してください。

神は、目に見えないが、神が共に居たもうのでなかったら、どうしてあんなことが起こるだろうかという、恵みに恵まれる日々。多くの人が怪《あや》しむような人間にならねばならぬと思います。今の自分を顧《かえり》みて、これでキリストの御弟子というに足るだろうか。

愛は孤独《こどく》に耐《た》ええない

キリストの御弟子としての狭い道を歩こうとしないから、信仰が進歩しないのです。

目のつけどころ、照準をどこに置いているのか。

キリストが言われるように、多くの人が尋《たず》ねることがない道を、人に顧《かえり》みられない狭《せま》い道を歩きとうございます。これが信仰にとっての要点です。私たちは、この世ではアウトサイダーでよいです。しかし、キリストに喜ばれる者になろう。

キリストと共に歩く御弟子《みでし》には、至《いた》るところで主は伴《ともな》うところの徴《しるし》をもって御言葉《みことば》を堅《かた》うなさいます。私たちを通して、一向に良いことが起きないならば、それは主が共に居たまわないからです。車は一輪では不安定で道が走れません。二輪車のときに走ることができます。

そのように神の霊と共に一つになって生きるときに、私たちは強く生きることができます。愛は孤独《こどく》に耐《た》ええない。私たちは神と共に歩けないならば、たまりません。

私たちは自分ひとりで信仰して、頑張《がんば》っているのではないか。

キリストと共に歩こうとしないから喜びがない。どうぞここで、

「主様、まざまざと出会いとうございます。あなたのものであると言われとうございます。私はあなたなくしては地上を歩くことができない魂です」と祈りたい。

良き夫と妻との関係のように、神と一つになって生きる、それが霊界の奥義《おくぎ》です。

愛する者と愛される者がなければ、愛は成立しません。聖なる霊と一つになって、神の霊に愛

されて生きるときに信仰が始まるんです。

聖歌一六一番を歌います。

主の手は赤く　血に染《そ》みて
緋《ひ》の御衣《みころも》は　愛に映《は》え
説《と》き給《たも》う　聖書《みふみ》に
心は燃ゆる　主の饗宴《うたげ》
エマオの旅路を　我ゆく

なぜエデンの園《その》を失ったか

もう一度、このことを考えてみてください。

私たちの中には、集会に熱心に通い、聖書を学び、信仰に精進《しょうじん》しようとして努めてきた人もいる。それなのに、低迷《ていめい》した状態が続いて一向に救われずにいる。これはなぜでしょうか。

アダムとエバは、せっかくエデンの園に創造《つく》られたにもかかわらず、どうしてエデンの園から追い出されねばならぬ状況《じょうきょう》になったか。それは、神を知ろうとして、知識の木の実を食べたからです。そのような誤《あやま》った宗教の学び方を、どこまで繰《く》り返《かえ》してもだめです。知識は私たちを救いません。大事なことは、神の息吹《いぶき》がアダムに吹《ふ》きかけられた時に、アダムは生ける者となったんです。

主よ、今こそペンテコステの霊で、どうか息吹いてください！　と祈りとうございます。神の霊が私たちに息吹かれない限り、私たちの罪を贖《あがな》う力はありません。どんなに学ぼうが、どんなに努めてみようが、私たちには無駄《むだ》です。

蝮《まむし》の毒がすっかり血清されない間は、どうしても蛇《へび》の誘惑《ゆうわく》に負けます。もう二度と蛇の誘惑、サタンの誘惑には負けない者に、神によって創《つく》り変《か》えられることが大事です。

「人新たに生まれずば、神の国を見ること能《あた》わず」（ヨハネ伝三章三節）

私たちはもう一度霊によって、全く生まれ変わることを切に祈りとうございます。

私たちは信仰上、時々こうやって自分の信仰を立て直すということをしませんと、いつの間にかズルズルが続きまして、そのあげくにエデンの園《その》を失ってしまうんです。

神は私たちに驚《おどろ》くべき使命を授《さず》け、驚くべき栄光に生きる者にしようとしておられるのに、その恩寵《おんちょう》を拒《こば》んでいるのは自分自身です。また自分の今までの生活、習慣の惰性《だせい》です。どうかここで一掃《いっそう》しとうございます。

私たちは、何のために地上に生まれてきたのか。残る生涯《しょうがい》をどうあるべきか。一人ひとりその面影《おもかげ》が違《ちが》うように、それぞれの存在《そんざい》の意味が違います。神様、あなたの栄光を、あなたのご臨在《りんざい》を、この地上に映《うつ》すことができるように、と祈りとうございます。神に出会った喜びに満ち、神と共に生きている人間でありたい。

神は霊ですから、眼《め》で見ることはできません。神の子である私たちを通して、神は現象なさるんです。神様、どうか私たちを遣《つか》わしてください、と祈ることが大事です。

己《おのれ》を屠《ほふ》って神の祭壇《さいだん》に

イエス・キリストは、

「すべて労する者、重荷を負う者、われに来《きた》れ。われ汝《なんじ》らを休ません」（マタイ伝一一章二八節）と言われました。

キリストと共に歩くならば、どんなに大きな心の安息があるかわからない。それなのに、なぜか人間の罪の性《さが》はそれを避《さ》けようとします。そして、とうとう死ぬまでそれを悟《さと》らない魂があまりに多い。私たちは神に見出《みいだ》されて、それを知っております。にもかかわらず、どうしてキリストと共に歩くことができないのか。

神と共に歩くことがどのように驚《おどろ》くべき恵みであるか知っておっても、どうしてしないのか。それは、自分の今までの自我《じが》が頑張《がんば》っておって、そうさせない。何か信ずるということが不安だからです。信ずるという冒険《ぼうけん》を思い切ってしないから、一歩踏《ふ》み出《だ》せない。恐《おそ》ろしい。人間、ひとたび死ぬ気になった者は恐ろしくありません。しかし肉の自分というものがあると恐れます。ここに十字架ということが、己《おのれ》に死ぬということが問われます。

パウロは言いました、

「わたしは、神に生きるために、律法《りっぽう》によって律法に死んだ。わたしはキリストと共に十字架につけられた。生きているのは、もはや、わたしではない。キリストが、わたしのうちに生きておられるのである」(ガラテヤ書二章一九、二〇節)と。これが信仰の奥義《おくぎ》です。

主様、あなたは、私を呼《よ》んでおいでになります。しかし自分には、なおあなたにぴったり寄《よ》り添《そ》いまつろうとしない自分があります。この我《が》の強い自分をもういっぺんここで屠《ほふ》って、燔祭《はんさい》として神の祭壇《さいだん》に献《ささ》げて、どうか過越《すぎこし》の祭をさせてください。

十字架は死生の転換《てんかん》である

キリストは、過越の祭の日に亡《な》くなられました。十字架上にご自分の肉を裂《さ》き血を流して、

「これによって生きよ！」と言われた。どうか、イエス・キリストが天から降《くだ》したもうたところの御血汐《おんちしお》、御生命《おんいのち》を、もう一度受けとうございます。これが十字架の信仰です。

十字架の信仰というのは、十字架にかかっているキリストをただ拝《おが》むことではありません。自分がキリストと共に十字架を負うて生きることです。ひとたび決心してキリストと共に死んでみると、案ずるより産むが易し。日々求むるところに、その能力《ちから》は従《したが》うほどに、驚《おどろ》くべき上よりの霊の力が込《こ》み上《あ》げてくるのを覚えるものです。

もしこの秘訣《ひけつ》を知らないかたがあったら、今日、心準備をなさることです。

今までのやり方や自分というものに死んで、神と共に生きようと覚悟《かくご》することです。

神の霊が働いたら、自分の周囲に奇跡《きせき》が起きる。頑固《がんこ》に自分に閉《と》じこもっている者をもう一度引き出すのは、この驚くべき神の愛に触《ふ》れることです。

今のキリスト教は、キリストにだけ十字架を負わせて、自分は負うことをしません。自分もキリストと共に十字架を負って歩こうとしません。

「たといわたしは死の陰《かげ》の谷を歩むとも、わざわいを恐《おそ》れません」（詩篇《しへん》二三篇四節）とダビデは言いましたが、その死生の関の突破《とっぱ》ということが大事です。

神様、今後の自分の生涯《しょうがい》、何があってもあなたと共に歩いて恐れません。十字架も負い遂《と》げます。そのときに十字架は十字架でありません。それは天の喜びです。「十字架は天である」と言ったスンダル・シングだけではありません。誰《だれ》でも一様に不思議な喜びが込《こ》み上《あ》げてくる。エクスタシー状態にもう舞《ま》い狂《くる》い踊《おど》りたいような突《つ》き上《あ》げがやって来ます。

どうか、先輩《せんぱい》たちが残した霊的遺《い》産《さん》を、私たちも皆一人ひとり、ものにして生きることが必要です。

聖歌一三四番を歌います。

主にのみ十字架を　負わせまつり
われ知らず顔に　あるべきかは
わが身も勇みて　十字架を負い
死にいたるまでも　つかえまつらん

私たちがこの世に迷うのは、自分に死に切れないからです。

死に切れないのは、死ぬほどの喜びを知らないからです。死んでもかまうものかと思うほどの大きな喜びの前には、死ではない死が始まります。これが十字架です。苦しい悲しい十字架ではありません。喜びの十字架です。

昔のお嫁《よめ》さんは、自分の家を離《はな》れ、親兄弟一切《いっさい》と別れて、死んだつもりで白装束《しろしょうぞく》で嫁に行ったものです。しかし自分の夫たるべき永遠の伴侶《はんりょ》のもとに行くのは、また大きな喜びです。十字架はそのような死生の転換《てんかん》です。

今までと同じ生活はもうしたくありません。ここで、自分を清算しとうございます。そしてキリストと共に、生命《いのち》に至《いた》る細き道を歩く人生を、他の人が歩けない生涯《しょうがい》を歩いてみとうございます。みんなで祈ろうではありませんか、その栄光のために。（全員で激《はげ》しく祈る）

聖歌六二番を歌います。

わが生けるは　主にこそよれ
死ぬるもわが益　また幸《さち》なり

主のためには　十字架をとり
よろこび勇みて　われは進まん

復活の主よ、現れたまえ

キリストの神様、昔、百二十人の者がエルサレムの二階座敷《ざしき》に侍《はべ》りましたように、ここに一同侍って、ひたすらあなたにまみえまつり、あなたの御息吹《おんいぶき》に与《あずか》り、あなたの御生命《おんいのち》、御血汐《おんちしお》に聖《きよ》められて生きたいと願っております。

十字架の日の後に、クレオパに、シモンに、現れたもうたキリストの神様！　復活の主よ！　どうか、まざまざと私たちに現れてください！　共に歩いてください！

私たちは目を遮《さえぎ》られて、キリストであるかどうか、わからないような程度の不明確なインマヌエルの信仰はもう飽《あ》きました。どうか、まざまざと……（皆の激《はげ》しい祈りに先生の祈りがかき消される）

私たちはどんなに弱く卑《いや》しく見えてもよい。パウロは言いました、「キリストの力がわたしを覆《おお》うために、むしろ、喜んで自分の弱さを誇《ほこ》ろう」（コリント後書一二章九節）と。

私たちがほんとうに自分を捨《す》てて、弱くなりきって、ただ主の御力《みちから》だけに頼《たよ》り、主の御力だけを現し、主の霊の器《うつわ》になりきるときに、主は驚《おどろ》くべく、私たちに現《あらわ》れ出《い》で開花したまいます。

人々はそれを見て驚《おどろ》き、自分自身もこの御贖《おんあがな》いを感謝せずにおられません(一同、「アーメン」)。

キリストは言われました、

「何でも我に願えよ。わが名を呼《よ》べよ。わが名によって賜《たまわ》る聖霊は、汝《なんじ》らに奇《くす》しきことを、驚くべきことをなす」(ヨハネ伝一四章)と。

私たちは、普通の人間と違《ちが》った神の約束を、働きを、知っているはずです。

しかし、知っているだけで、現実にそのうましさというものを味わっていないならば、さあ、もういっぺん襟《えり》を正して聖前《みまえ》に祈り直し、全く主に握《にぎ》られ、主のものとなりきった人間として聖前に立ちとうございます。

豊かな実を結ぶために

神様! ここに集《つど》うところの者、一人ひとりの上に、あなたが臨在《りんざい》したもうのでないならばできないようなことを、どうか今晩《こんばん》から起こしたもうよう、お願いいたします。私たちはそれを期待し、それを今に生《い》き抜《ぬ》きとうございます。

どうぞ不思議な天の門を開いてください。あなたのご臨在の徴《しるし》と奇《き》跡《せき》を日々見る恵みに生き、普通の人と違った人生の歩みを、どうか一人ひとりに与《あた》えて喜ばしめたまえ。あなたの民《たみ》であることを証《あか》ししてゆくことができるようにならしめたまえ。

キリストは弟子《でし》たちに言いたまいました、

「汝《なんじ》らもし我に居り、わが囁《ささや》く言葉が、汝らの胸《むね》の中にトーラー（神の教え、指図）として聞こえるならば、望むがままに求めよ。さらば汝らに成らん。汝らが多くの実を結ぶならば、わが父は栄光を受けるであろう。しかして汝らはわが弟子とならん」（ヨハネ伝一五章七、八節）と。

私たちに必要なことは、多くの豊かな実を結ぶことであります。キリストの霊がなしたもう造化の妙《みょう》であります。

主よ！　どうぞ、この卑《いや》しい身体《からだ》を通して、あなたが実を結んでください！　と、祈りとうございます。自分の卑しい身分を忘《わす》れて、主がなしたもう御業《みわざ》を拝《はい》しとうございます。

最後に、心から「主よ、私と共に歩いてください」と、皆で祈って終わります。

（一九六八年五月八日）

〔第六講　ロマ書三章一～二四節〕

1では、ユダヤ人のすぐれている点は何か。また割礼《かつれい》の益は何か。2それは、いろい
ろの点で数多くある。まず第一に、神の言《ことば》が彼らにゆだねられたことである。3すると、
どうなるのか。もし、彼らのうちに不真実の者があったとしたら、その不真実によって、
神の真実は無になるであろうか。4断じてそうではない。あらゆる人を偽《いつわ》り者としても、
神を真実なものとすべきである。それは、

「あなたが言葉を述べるときは、義とせられ、
あなたがさばきを受けるとき、勝利を得るため」

と書いてあるとおりである。
5しかし、もしわたしたちの不義が、神の義を明らかにするとしたら、なんと言うべ
きか。怒《いか》りを下す神は、不義であると言うのか(これは人間的な言い方ではある)。6断
じてそうではない。もしそうであったら、神はこの世を、どうさばかれるだろうか。7
しかし、もし神の真実が、わたしの偽りによりいっそう明らかにされて、神の栄光とな
るなら、どうして、わたしはなおも罪人としてさばかれるのだろうか。8むしろ、「善《ぜん》

をきたらせるために、わたしたちは悪をしようではないか」(わたしたちがそう言ってい
ると、ある人々はそしっている)。彼らが罰《ばっ》せられるのは当然である。
9すると、どうなるのか。わたしたちには何かまさったところがあるのか。絶対にな
い。ユダヤ人もギリシア人も、ことごとく罪の下《もと》にあることを、わたしたちはすでに指《し》
摘《てき》した。10次のように書いてある、
「義人はいない、ひとりもいない。
11悟《さと》りのある人はいない、
神を求める人はいない。
12すべての人は迷い出て、
ことごとく無益なものになっている。
善《ぜん》を行う者はいない、
ひとりもいない。
13彼らののどは、開いた墓であり、
彼らは、その舌で人を欺《あざむ》き、
彼らのくちびるには、まむしの毒があり、

14彼らの口は、のろいと苦い言葉とで満ちている。
15彼らの足は、血を流すのに速く、
16彼らの道には、破壊《はかい》と悲惨《ひさん》とがある。
17そして、彼らは平和の道を知らない。
18彼らの目の前には、神に対する恐《おそ》れがない」
19さて、わたしたちが知っているように、すべて律法《りっぽう》の言うところは、律法のもとに
ある者たちに対して語られている。それは、すべての口がふさがれ、全世界が神のさば
きに服するためである。20なぜなら、律法を行うことによっては、すべての人間は神の
前に義とせられないからである。律法によっては、罪の自覚が生じるのみである。
21しかし今や、神の義が、律法とは別に、しかも律法と預言者とによってあかしされ
て、現された。22それは、イエス・キリストを信じる信仰による神の義であって、すべ
て信じる人に与《あた》えられるものである。そこにはなんらの差別もない。23すなわち、すべ
ての人は罪を犯《おか》したため、神の栄光を受けられなくなっており、24彼らは、価《あたい》なしに、
神の恵みにより、キリスト・イエスによるあがないによって義とされるのである。

第六講

今や贖《あがな》いの時代　ロマ書三章一～二四節

ロマ書の二章から三章にかけてパウロが言おうとすることは、すべての人は神の前に立つことができない、ということです。

一章の終わりに、聖書を知らない異邦人《いほうじん》たちがどんなに恥《は》ずかしい人生を送り、罪の姿《すがた》でいるか、読むに耐《た》えないようなことが書いてあります。しかし裁《さば》かれるのは、聖書を知らない異教徒だけではない。二章三節に、

「あなたは、神のさばきをのがれうると思うのか」とあるように、聖書を読んでいるユダヤ教徒であっても、神の裁きから逃《のが》れることができない、と言っています。

続く二章四、五節には、

「それとも、神の慈愛《じあい》があなたを悔改《くいあらた》めに導くことも知らないで、その慈愛と忍耐《にんたい》と寛容《かんよう》との富

を軽《かろ》んじるのか。あなたのかたくなな、悔改《くいあらた》めのない心のゆえに、あなたは、神の正しいさばきの現れる怒《いか》りの日のために神の怒りを、自分の身に積んでいるのである」とあります。

ここに、「οργη《オルゲー》　怒り」という語が出てきます。すなわち、人間は神の怒りの下《もと》にある。神の裁《さば》きの下にある。そして、神に審判《しんぱん》されたらもう弁解の余地がありません。生まれながらの人間は神の前に立つことができない。

ユダヤ人は、自分たちが神の律法《おきて》をもっていることを誇《ほこ》っております。しかしながら、律法《りっぽう》は行なってこそ役に立つのであって、ただもっていることで救われると思ったらとんでもないことです。

霊をもって魂を彫刻《ちょうこく》したもうもの

では誰《だれ》が救われるのか。パウロは二章の最後で、

「隠《かく》れたユダヤ人がユダヤ人であり、また、文字《もんじ》によらず霊による心の割礼《かつれい》こそ割礼であって、そのほまれは人からではなく、神から来るのである」(二章二九節)と申しております。

隠れたユダヤ人の中に本当のユダヤ人、つまり神の民《たみ》がいる。ただ割礼という宗教儀式《ぎしき》を受けたから神の民なのではない。そのように、宗教を表面的なこととしたらとんでもない。肉の体に

割礼《かつれい》したかどうかではなく、霊による心の割礼が大事である。神様は、そのように私たちの心にグサリと神の霊をもって魂を尊く彫《とうと ちょうこく》刻したもう。これが割礼の宗教的な意味です。

日曜日になると、テレビで『宗教の時間』というのがあって、いろいろ古い神社やお寺を訪《たず》ねる番組があります。そこに昔どういうお坊《ぼう》さんがおったか、どういう芸術が残っているか、などということを知らせてくれる。しかし、そんなものは宗教が生んだ何かではあっても、宗教そのものではありません。人間はそういう外側のことを宗教と考えやすい。ここでパウロが、「霊による心の割礼こそ割礼である」と申しておるように、パウロはどこまでも内面的な信仰のことを言っております。

愛の前には泣いて悔《く》い改《あらた》める

それで、私たちが裁《さば》かれるべき人間であるというならば、どうしたらいいか。ごまかしの信仰でなくして、どうしたら神の前に義とされるか、聖前《みまえ》に立ちえるか。それが問題です。

罪があるからといって、その人を裁いたら悔い改めに導けるかというと、人間は悔い改めません。今のキリスト教の伝道方式は、「人間は罪人ですよ、悔い改めなさい」と言いますが、ますます頑固《がんこ》になって悔い改めないものです。

そうではなく、前講で学んだように、「神の慈愛《じあい》が悔改《くいあらた》めに導く」(二章四節)のです。誰《だれ》でもしくじりや失敗があったような場合に、「いいんだよ、いいんだよ」と、誰か言ってくれる人があったら、その人の懐《ふところ》の中に隠《かく》れて、ワアッと泣きたくなるものです。

ホーリネス教会に行くと、

「さあ皆さん、何か犯《おか》した罪はありませんか」

「ハイ、私はお母さんの財布から十銭《せん》ちょろまかしました」

「それはいけませんね。もうほかにないでしょうか」と言って、次々と暴《あば》きたてる。しかし暴かれると、ますます自分を閉《と》ざします。

罪の告白をしなければ救われないと言われれば、ちょっぴりは告白します。けれども、ほんとうにはしません。ますます本心は言わない。しかし、

「愛は多くの罪をおおう」(ペテロ前書四章八節)とあるように、真実な愛があったら何でも言ってしまうものです。

神のご性格の両面

それで、神が怒《いか》るというのは、単なる怒りのための怒りでない。愛の怒りなんです。

「その慈愛《じあい》と忍耐《にんたい》と寛容《かんよう》との富を軽《かろ》んじるのか」（二章四節）とあるように、神様が忍耐して悔《く》い改《あらた》めるのを待っているのに、どうしてあの子はわからんのだろうかと思う。親心というのはそんなものです。子供《こども》は自分で悪いことをして平気かもしれませんが、親は辛《つら》いものです。

聖書でいう神の愛というものは、そのようにたまらない怒《いか》りの心を含《ふく》んだ愛であるということですね。

ですから、私たちがもういっぺん信仰の立て直しをしようと思うならば、神に立ち帰ることが大事です。

とても神の聖前《みまえ》に立つことができない自分。しかし、神は赦《ゆる》しておいでになる。この寛容というか慈悲《じひ》の御心《みこころ》を思ったら、たいがいで「神様！」と言って音《ね》をあげて立ち帰ることです。実に簡単《かんたん》なことだけれども、人はなかなかそれをしません。

今のキリスト教神学は、ただ恐《おそ》ろしい裁《さば》きの神様だけを説きますから、人は神の許《もと》に帰りようがない。あるいは逆に、「神は愛なんですよ。大丈夫《だいじょうぶ》、大丈夫」と一方的に言って、いいかげんに通り過ぎますから、またそれになれっこになる。

私たちはいつも、「神は厳粛《げんしゅく》であり、また実に寛容である」という、神のご性格の両面を知ることが大事です。

律法《りっぽう》は罪の自覚を生むのみ

では、ユダヤ人のすぐれている点は何か。また割礼《かつれい》の益は何か。それは、いろいろの点で数多くある。まず第一に、神の言《ことば》が彼らにゆだねられたことである。（三章一、二節）

ユダヤ人はなるほど神のものとなるために割礼を受けて、自分を聖別している。そして神の御《み》言葉《ことば》というか、聖書がゆだねられた民《たみ》である。それは大いに誇《ほこ》ってよい。しかしながら、もしそうであるならば、もっと神のご恩寵《おんちょう》に感激《かんげき》して生きなければいけないのではないか。聖書に照らしたら、今のままの姿《すがた》でいいか。むしろ、とてもいけない。

「義人はいない、ひとりもいない。
悟《さと》りのある人はいない、神を求める人はいない。
すべての人は迷い出て、ことごとく無益なものになっている。
善《ぜん》を行う者はいない、ひとりもいない」

（三章一〇～一二節）

とあるように、義人は一人もいない。皆、悪を行なう者ばっかりだ。そのことをわかることが大事じゃないのか、と言うわけです。

さらに一九節から読みますと、次のように書いてあります。

　さて、わたしたちが知っているように、すべて律法《りっぽう》の言うところは、律法のもとにある者たちに対して語られている。それは、すべての口がふさがれ、全世界が神のさばきに服するためである。なぜなら、律法を行うことによっては、すべての人間(肉)は神の前に義とせられないからである。律法によっては、罪の自覚が生じるのみである。　（三章一九、二〇節）

そして、

神の律法を満たそうとしたら、とてもできるものではない。その峻厳《しゅんげん》さに驚《おどろ》きあきれます。

「律法によっては、罪の自覚が生じるのみである」ということになる。

ここで「罪」というのは、道徳的なことであるよりも、神との関係が裏腹《うらはら》であるということをいいます。律法を読めば読むほど、この罪の自覚が増してくる。ほんとうに律法に従《したが》って歩こうとすると、いよいよ苦しむ。宗教的な道徳律があまりにも多岐《たき》にわたっているからです。それで、「とても自分は神の律法を全《まっと》うできない」と言って両手を挙げて、自己《じこ》破産というか、降参《こうさん》してしまうのがおちです。

ユダヤ教徒は、律法《りっぽう》に規定されている箇条《かじょう》を実行したら救われる、神の前に義とされると思っています。しかしながら、実際には神の前に立ちえない自分、むしろ神の目が恐《おそ》ろしくてならない自分の発見に終わるのではなかろうか。

道徳とか律法とかは、そういうものです。

戦前、私たちが学校に行きますと、「教育勅語《ちょくご》」を読み聞かされたものでした。先生たちは「教育勅語、教育勅語」と言ってこれを大事なものとして扱《あつか》い、国家主義の人々は教育勅語を奉戴《ほうたい》する運動をやりました。また、大正天皇の時代に出された「国民精神作興詔《さっこうしょう》書《しょ》」が読まれたりしました。これらを通して、立派《りっぱ》な人間になろうと思ったかもしれませんが、なった人のことはほとんど聞きません。

教育勅語には罰則《ばっそく》がありません。しかし旧約聖書の掟《おきて》は罰則つきです。律法の掟を実行できない自分を知れば知るほど、神の処罰《しょばつ》というか、神の怒《いか》りと裁《さば》きに耐《た》ええない恐ろしさに襲《おそ》われます。ユダヤ人であろうが、異邦人《いほうじん》であろうが、これが人間の姿《すがた》ではないか。ほんとうに、どこにも救いがない。だからパウロは、

「律法によっては、罪の自覚が生じるのみである」と言うわけです。

続く三章二一節からは大事な箇所《かしょ》ですから、詳《くわ》しく読んでゆきます。

しかし今や、神の義が、律法《りっぽう》とは別に、しかも律法と預言者とによってあかしされて、現された。

（三章二一節）

新しい人類の発生

ここで、「νυνι《ニュニ》 δε《デ》 しかし今や」と言って、パウロは「今」という語を強調しております。「νυνι《ニュニ》 今や」は「νυν《ニュン》 今」の強意で、「今という今、今こそ、今この時」といった意味です。「しかし今や、キリストの時代なのだ」ということですね。大事な言葉です。

二六節にも、「それは、今の時に、神の義を示すためであった」とあって、「νυν《ニュン》 今」という語が出ております。

創世記《そうせいき》の初めに、アダムとエバが罪を犯《おか》してからというもの、神様はこんな人類は創《つく》らなければよかった、と不満に思い怒《いか》っておられる。ところが、そのように裁《さば》きに耐《た》ええない人間が、今やキリストによって義とされる時が来た。義というのは、神様と人間との関係が正しくなることです。すなわち、救われるということです。

イエス・キリストは、ヨルダン川で聖霊に満たされなさった時に、「これはわたしの愛する子、わたしの心にかなう者である」(マタイ伝三章一七節)という天からの御声《みこえ》を聞かれました。これが神に義とされた関係です。この義が、イエス・キリストによってついに人類に臨《のぞ》んだ。

そのように、聖霊を受けた者は、「この子は可愛《かわい》くてたまらない」と神様の御目《おんめ》に映《うつ》っている。キリストに信じ、キリストのものとなった者については、神様はうれしくてたまらない。

そういう新しい人類が発生した。新しい救いの時代が来た。キリストによって新しい霊的な次元が今こそ開かれたのだ、今や贖《あがな》いの時代なのだ、ということをパウロは言っているわけです。

古いアダムの時代と新しいキリストの時代

私は以前から、ロマ書はキリスト教の信仰の原理を説いたものとして、重要であることを知っておりました。それで早くから何度も読んだり講義したりしました。

さらに戦後になって、私が伝道を志しました時に、非常にインスピレーションを受けましたのは、スウェーデンの神学者アンダース・ニグレンが書いた『ローマ人への手紙講解』でした。ア

メリカで初めて英訳《えいやく》されて出版されたものを、ある牧師さんが大事そうに私に見せてくれたんです。私は、少し拾い読みしてみて、

「これを貸してくれませんか。そのかわり、あなたが欲《ほ》しがっていた注解書をお貸ししましょう」と言って、交換《こうかん》に借りた。

「三日でいいから」と言って借りたのですが、とうとう私は三週間ぐらい手放せませんでした。

その後、その牧師さんが取りに来ましたから、

「あのマシュー・ヘンリーの詩篇《しへん》注解書をあなたに差し上げる。そのかわり、もう少しこれを貸してくださいませんか」と言うと、喜んで貸してくれました。そしてまた一カ月くらい、なお読みました。そのニグレンのロマ書講義を、ほとんど翻訳《ほんやく》に近いくらい要点筆記してしまいました。それほど私は深い感銘《かんめい》を受けました。

それについて、少し飛びますが、五章に次のような大事な箇所《かしょ》があります。

しかし、アダムからモーセまでの間においても、アダムの違反《いはん》と同じような罪を犯《おか》さなかった者も、死の支配を免《まぬか》れなかった。このアダムは、きたるべき者の型である。しかし、恵みの賜物《たまもの》は罪過の場合とは異《こと》なっている。すなわち、もしひとりの罪過のために多くの人が

死んだとすれば、まして、神の恵みと、ひとりの人イエス・キリストの恵みによる賜物《たまもの》とは、
さらに豊かに多くの人々に満ちあふれたはずではないか」（五章一四、一五節）

ニグレンは、ここに記された「アダムとキリストとの関係」をもち出して論《ろん》じております。すなわち、「人類の始祖アダムから始まった神の怒《いか》りの下《もと》にある古いアイオーン（αιων 時代、世代、世）に対して、キリストの恵みによって神に義とされる新しいアイオーンが、鋭《するど》く対立している」ということを彼は書いているんですね。

古い滅《ほろ》びゆくアダムの時代に対して、今やキリストに贖《あがな》われた者の新しい時が満ちたのだ。そのような観点から、ロマ書三章の、

「しかし今や、神の義が、律法抜《りっぽうぬ》きで（律法とは無関係に）現された」（三章二一節直訳《ちょくやく》）という箇所《かしょ》が、非常に重大だということです。

驚《おどろ》くべき新しい時が、「今や」来ている。しかもこのことは、

「律法と預言者とによってあかしされて、現された」（三章二一節）と書いてある。

やがてメシアが現れ、神の喜びたもう時代が来る、神の義が現れるのだということは、古くから聖書に登場する預言者たちが証《あか》ししてきました。また律法（旧約聖書）が、それを語り伝えてき

ました。それがついに成就《じょうじゅ》したということです。

私たちが新約聖書を読む場合に、旧約聖書抜《ぬ》きに読みますと、こうしたパウロの言葉の本当の意味がわからなくなります。

今のキリスト教は旧約聖書をあまり重視《じゅうし》しません。また旧約聖書を学ぶ人は旧約におぼれて、旧約だけしかわからずにおります。しかし私たちは旧約に証《あか》しされたところの神の義、それが今や現れたのだという、旧約と新約を一貫《いっかん》したものの上に読んでゆくことが大事です。

キリストとの神秘《しんぴ》な交わり

それは、イエス・キリストを信じる信仰による神の義であって、すべて信じる人に与《あた》えられるものである。そこにはなんらの差別もない。（三章二二節）

「それは」というのは神の義です。神の義とは何かというと、律法《りっぽう》による義ではなくて、イエス・キリストの信仰による神の義です。

ここに、「イエス・キリストを信じる信仰による」と訳《やく》してありますが、「信じる」という語は原文にありません。正しくは、「δια《ディア》 πιστεως《ピステオース》 Ιησου《イエースー》 Χριστου《クリストゥー》　イエス・キリストの信仰による」です。

パウロが、「イエス・キリストの」信仰、という時のギリシア語の用法（所有格を使う）は、一種独特でして、「イエス・キリストにある」という意味なんです。それは、キリストとの生ける交わり、霊なるキリストとの神秘《しんぴ》的《てき》な交わりを言い表しているんです。

ダマスコ途上《とじょう》での回心以来、パウロを救いつづけたのは生けるキリストでした。

パウロにおいて信仰とは、目的語として対象化したキリストを信ずることでなくして、霊なるキリストとの交わりから生まれてきたものです。ですから、パウロの信仰的自覚は、生けるキリストに捕《と》らえられ、奴隷《どれい》とされ、所有されているという体験でした。

また、「すべて信じる人に与《あた》えられる」の「与えられる」と訳《やく》された「εις《エイス》」は、「～の中へ、～に対して」という意味です。前置詞で目的を表します。

それは、「与えられる」というような弱々しいものではない。

義の生命《いのち》が信じる者に注《そそ》ぎ込《こ》み、その魂の中に突《つ》っ込《こ》んでくることなんです。

さらに、「εις《エイス》」の代わりに「επι《エピ》　～の上に」という語を記してある有力な写本もあります。

ですからここは、

「イエス・キリストにある信仰によって、信じるすべての人の上に神の義が注ぎ込んでくる」という意味です。信ずる人すべての上に臨《のぞ》むところの神の義、そこにはユダヤ人とか異邦人《いほうじん》とか、何らの差別もない。

神の義とは、神様の義《ただ》しいと思われる御心《みこころ》、御旨《みむね》、ご性質をいうんですが、神様が義しくても、人間と関係がなかったら何もなりません。それで、神様が「嘉《よ》し」とおっしゃる関係が人間に成立することについて、パウロはここからさらに論《ろん》じてゆきます。

エン　クリストー（キリストにある）

すなわち（なぜなら）、すべての人は罪を犯《おか》したため、神の栄光を受けられなくなっており、彼らは、価《あたい》なしに、神の恵みにより、キリスト・イエスによるあがないによって義とされるのである。

（三章二三、二四節）

すべての人は罪を犯したために、神の栄光を受けるに足りない。

口語《こうご》訳《やく》の「受けられなくなっておる」という語は、「ὑστερῶ《ヒュステロー》　足りない、欠く」で、むしろ「ありつけぬ」という意味です。「神の栄光にありつけない」と訳したらいちばんいいですね。

神の「栄光」というのは、神様の「輝《かがや》かしい存在《そんざい》、ご性質、御力《みちから》、御稜威《みいつ》」をいいます。その神の栄光の前には、罪ある者は何人《なんぴと》も立ちえないというのは、聖書の古くからの概念《がいねん》でして、これは誰《だれ》もが抱《いだ》く感情です。すべての人は罪を犯《おか》しているから、ユダヤ人であろうがなかろうが、区別なく神の栄光にありつけるものではない。

そのような人類が、キリスト・イエスにある贖《あがな》いによって義とされるというんです。「εν《エン》 Χριστω《クリストー》 Ιησου《イエースー》　キリスト・イエスにある」です。口語訳《こうごやく》のように「キリストによる」ではありません、これは明らかな誤訳《ごやく》です。

「キリストにある」ということは、「キリストの中にある」という意味です。

すなわち、私たちがキリストから外れていれば義とされません。それで、「義とされる」ということはどういうことかをわかるように、いろいろ書いている。パウロは親切です。

パウロにとっては、「εν《エン》 Χριστω《クリストー》　キリスト（の中）にある」ことが重要なんです。

これはパウロ特有の用語でして、生けるキリストとの霊的な交わり、ありありとキリストに抱かれ合一して生きていることの表現です。

パウロは、キリストを過去の人物として信じたのではありませんでした。

現に聖霊として生けるキリストに出会って回心し、その臨在下《りんざいか》に彼は生かされました。

霊なるキリストは絶えずパウロに迫《せま》り、抱《だ》きしめ、彼に内在して語り、奇跡《きせき》を行なわしめられた。このキリストを、パウロは全世界に運びました。

ですから、「キリスト(の中)にある」現実こそ、パウロにとってそのまま救いであり、贖《あがな》いであり、義とせられる経験でした。このことを忘《わす》れてはなりません。

(一九六八年五月十五日　①)

〔第七講　ロマ書三章二三～三一節〕

23すなわち、すべての人は罪を犯《おか》したため、神の栄光を受けられなくなっており、24
彼らは、価《あたい》なしに、神の恵みにより、キリスト・イエスによるあがないによって義とさ
れるのである。25神はこのキリストを立てて、その血による、信仰をもって受くべきあ
がないの供《そな》え物《もの》とされた。それは神の義を示すためであった。すなわち、今までに犯さ
れた罪を、神は忍耐《にんたい》をもって見のがしておられたが、26それは、今の時に、神の義を示
すためであった。こうして、神みずからが義となり、さらに、イエスを信じる者を義と
されるのである。

27すると、どこにわたしたちの誇《ほこ》りがあるのか。全くない。なんの法則によってか。
行いの法則によってか。そうではなく、信仰の法則によってである。28わたしたちは、
こう思う。人が義とされるのは、律法《りっぽう》の行いによるのではなく、信仰によるのである。
29それとも、神はユダヤ人だけの神であろうか。また、異邦人《いほうじん》の神であるのではないか。
確かに、異邦人の神でもある。30まことに、神は唯一《ゆいいつ》であって、割礼《かつれい》のある者を信仰に
よって義とし、また、無割礼の者をも信仰のゆえに義とされるのである。31すると、信

仰のゆえに、わたしたちは律法《りっぽう》を無効にするのであるか。断じてそうではない。かえって、それによって律法を確立するのである。

第七講

キリストの血にある贖《あがな》い　ロマ書三章二三～二六節

すべての人は罪を犯《おか》したため、神の栄光を受けられなくなっており、彼らは、価《あたい》なしに、神の恵みにより、キリスト・イエスによるあがないによって義とされるのである。

（三章二三、二四節）

神の前に罪を犯して滅《ほろ》びるしかない人間が、どのようにして救われるのか。

パウロはここで、

「価なしに、神の恵みにより、キリスト・イエスにあるあがないによって義とされる」と言っています。

この「απολυτρωσις《アポリュトゥローシス》　贖い」という語は、「代価を支《し》払《はら》って解放すること、自由にすること」を意味します。初めて聖書を読む日本人には、その意味がよくわからない概念《がいねん》ではないかと思います。

たとえば昔の日本でしたら、遊郭《ゆうかく》に売られておった女郎《じょろう》でも、身請《みう》け金《きん》を払《はら》えば買《か》い戻《もど》すことができました。そうすると廓《くるわ》から解放されて、自由な生活を楽しむことができる。そんな場合に、「贖《あがな》われる」と言います。

パウロは、「イエス・キリストにおける贖いによって義とされる」と言っていますが、キリスト・イエスにおける贖いとは、どういうことか。

ここに、「δωρεαν《ドーレアン》　価《あたい》なしに」という語が出てきます。

これは、「恵みの賜物《たまもの》、一方的な賜物、代価を払わずに与《あた》えられる賜物」、あるいは「聖霊の賜物」という場合に使われる語です。ただ「価なしに」というだけでは十分でありません。「価なしに頂《いただ》く賜物として」と訳《やく》しても、訳しすぎではありません。

そのように神の恵みにより、一方的な賜物として、キリスト・イエスにおける贖いによって、人は救われる。義とされるということです。

こうして読んでみると、パウロが言う「贖い」ということは、今のキリスト教が信じているものとはだいぶ違《ちが》うことがわかります。

今のキリスト教では、イエス様が私たちの身代わりになって罰《ばっ》せられたから救われるといった、いわゆる「代罰説《だいばっせつ》」を信じています。あるいは、イエス様は罪なき人であったが、その罪なきかたが人類に代わって十字架にかかり、死に至《いた》るまで従順《じゅうじゅん》であられた。その功徳《くどく》で神様が満足され、キリストの執《と》り成《な》しを聴《き》き届《とど》けてくださるのだという、「神意満足説」などの考え方があります。これらがカトリック以来の支配的な贖罪《しょくざい》思想です。

しかしパウロはユダヤ人ですから、ユダヤ教抜《ぬ》きに贖罪ということを考えることができない。神学者は、ユダヤ人の信仰の拠《よ》り所《どころ》である旧約聖書を抜きに贖罪ということを考えるから、代罰説というような理屈《りくつ》が起きるのでありまして、パウロにはそういう考えはないんです。ここを読んだらよくわかる。

血は命である

神はこのキリストを立てて、その血による、信仰をもって受くべきあがないの供《そな》え物《もの》とされた。それは神の義を示すためであった。（三章二五節）

「その血による」とありますが、原文は「εν《エン》 τω《トー》 αυτου《アウトゥー》 αιματι《ハイマティ》　彼の血（の中）にある」です。

それで、この二五節を直訳《ちょくやく》しますと、

「神はこのキリストを、彼の血にある信仰によって、贖《あがな》いの供《そな》え物《もの》として立てた」となります。

パウロは、ただ「信仰」と言わずに、「彼(キリスト)の血にある信仰」と言っている。

この「血」が重要です。旧約聖書を読んでみると、

「肉の命は血にある。……血は命であるゆえに、あがなうことができる」(レビ記一七章一一節)とあります。ですから「キリストの血」とは、キリストの霊的な生命《いのち》、すなわち「聖なる霊」を意味するんです。このキリストの血、聖霊が私たちに注入されることによって、贖罪《しょくざい》の力が発揮《はっき》されるということです。

贖罪の血を注ぐ場

さらに「あがないの供え物」とありますが、これは「ἱλαστήριον《ヒラステーリオン》」という語ですね。ヘブライ語の「כפרת《カポレット》　覆《おお》い、贖罪所」からギリシア語に訳《やく》された語です。

＊カポレットは、「כפר《カファル》　覆う」から派生《はせい》した語。「贖罪の血で覆う」の意。

古代イスラエルでは、神の幕屋の最も神聖な至聖所《しせいじょ》の中に、契約《けいやく》の箱がありました。モーセの十戒《じっかい》が刻《きざ》まれた石板を納めた契約の箱です。その契約の箱の上に置かれた純金《じゅんきん》の蓋《ふた》のことを、

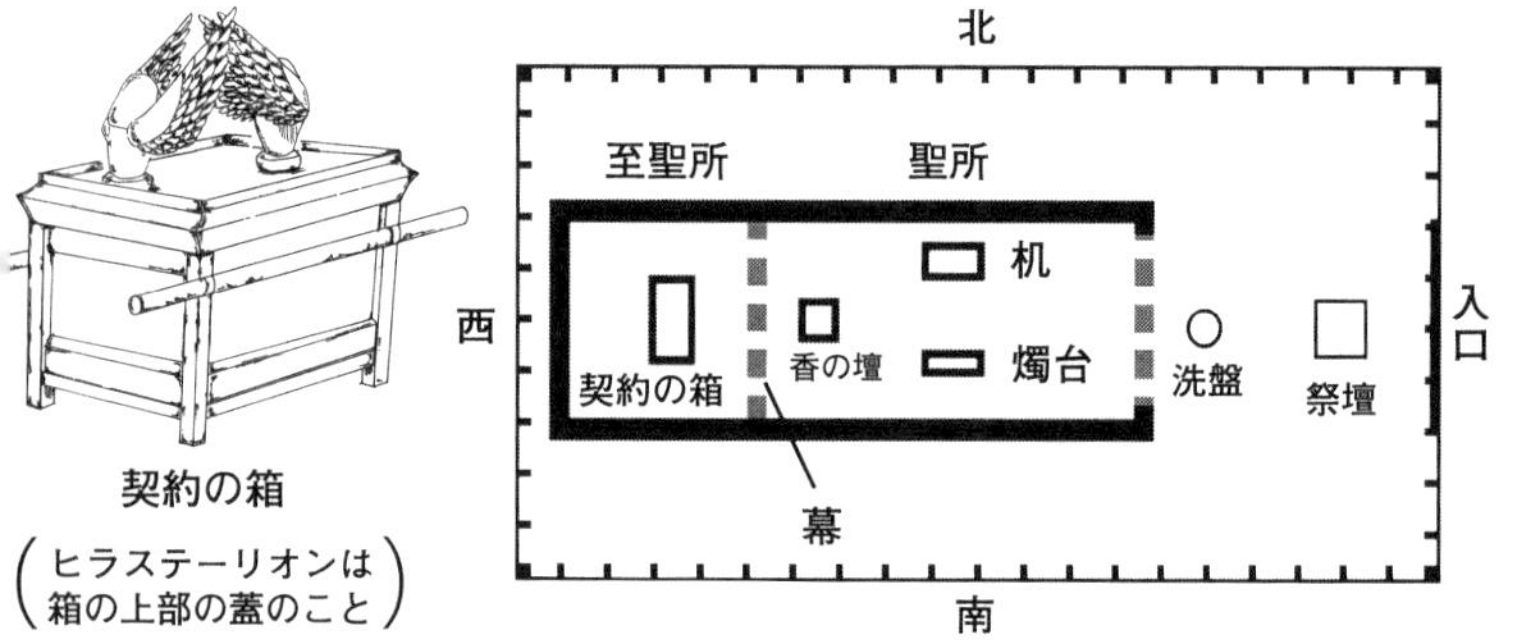

契約の箱と幕屋の平面図

カポレット（贖罪所《しょくざいしょ》）というんです。

年に一度、大祭司は至聖所《しせいじょ》に入り、このカポレットの上に、雄牛《おうし》と山羊《やぎ》の血を七度注いで、自分自身とイスラエルの民《たみ》の罪の赦《ゆる》しを神に祈りました（レビ記一六章、ヘブル書九章七節）。そういう贖《あがな》いの供《そな》え物《もの》として犠牲《ぎせい》の血を注ぐ儀式《ぎしき》があったんですね。

それで、キリストの十字架になぜ救いがあるか。

聖書を読むとわかりますように、キリストが十字架上で雄叫《おたけ》びの声を上げられたら、至聖所の幕が切って落ちた（マタイ伝二七章五〇、五一節）とあります。

そして、キリスト自ら霊の大祭司として至聖所に躍《おど》り込《こ》んで、ご自身の血を注ぎ、永遠の贖いをなしたもうた、ということを申しております（ヘブル書九章一一～一四節）。

これが新約の意味です。今のキリスト教は「十字架を信じたら救われる」と言うが、そうではない。

犠牲《ぎせい》の血をもって贖罪所《しょくざいしょ》が覆《おお》われる儀式《ぎしき》、この儀式を霊的な意味においてイエス・キリストは完成し、贖いの御業《みわざ》を全うなさった。そして今なおキリストは生きて、霊の大祭司として立っておられるという意味なんです。どうして西洋のキリスト教は、この旧約の思想を生かして素直《すなお》に聖書を読もうとしないのかと思います。

パウロは、贖《あがな》いということを、ただ奴隷《どれい》が身代金《みのしろきん》を払《はら》って解放されるというだけに止《とど》まらせてはいません。このように、わざわざ旧約以来の故事を引いて言っておる。旧約の宗教思想をそのまま生かして言っておるんです。

キリストの血にある贖い

ですから、かつて旧約時代に、モーセやアロンが献《ささ》げたような動物の犠牲の血ではない。キリストの贖罪は、ご自身の血をもってなされたものである。このキリストの血によって、私たちは罪を赦《ゆる》され、贖われるんです。

大事なことは、「十字架の教理を信じたら救われる」と言う現今のクリスチャンに対して、私たちは「十字架の血によって救われる」ということです。これが旧約以来の贖罪観念です。

しかし、キリスト教がヨーロッパに伝わり、紀元二、三世紀になると、もうユダヤ人とは関係が切れてしまい、またユダヤ人でも聖書の深い霊的な意味がわからない人が多くなってきますから、だんだんキリスト教はユダヤ教と疎遠《そえん》になってゆきました。そして、旧約聖書とは無関係なものにどんどん発展《はってん》してゆくんです。それは発展というよりも退化です。キリスト教が、聖書の信仰というべきでないものに、すっかり変質していってしまいます。

聖痕《みきず》に血汐《ちしお》したたりて

ここに私たちがもう一度、何が本当のキリストの福音なのか、「原始福音」と言って尋《たず》ねる理由があるんです。だから私は言うんです、

「私たちは十字架の教理、贖罪論《しょくざいろん》を信じて救われない。十字架の御血汐《おんちしお》で救われる」と。

聖痕に　血汐したたりて
御胸《みむね》は血しぶき　流れぬ
あがないの　御生命《みいのち》を
受けなん　十字架　主の血汐
仰《あお》ぐ聖徒らに　注ぐも

先ほど歌いました、この幕屋聖歌一六一番は、最もよく原始福音の信仰を示すものです。

今のキリスト教は、この十字架の血を嗣《つ》ごうとしない。キリストの血（生命《いのち》）を嗣ごうとせずに、教理を嗣ごうとしている。しかし、私たちはドグマ（教理）を信じない。十字架の御血汐《おんちしお》に潔《きよ》められたいんです。御血汐のゆえに義とされたい。これは古来の旧約聖書の思想的発展《はってん》としてそうなるんです。このことが大事です。

原始福音は贖罪論《しょくざいろん》において、今のキリスト教とは違《ちが》います。私たちが正統なんです。聖書がそれを示している。パウロがそれを言っている。それで、いつでも聖霊のリバイバル（信仰復興）が起きる時には、何がいちばん崇《あが》められるかというと、十字架の御血汐です。

これは議論ではありません。血というのは生命を表すんです。

十八世紀のイギリスで、メソジスト運動の祖となりましたジョン・ウェスレーがコンバージョン（回心）しました時に、モラビア兄弟団の信仰を慕《した》ってドイツの田舎《いなか》ヘルンフートに行きました。そこで彼が見たのは、多くの人がキリストの御血汐を崇めていることでした。

人々の魂をこんなにも清らかに霊的に清め、贖《あがな》っているキリストの御血汐。その信仰の姿《すがた》を見ながら彼は、

「おお、このキリストの教えが、水が海を覆《おお》うように、地を覆うのはいつの日だろうか」と、日

記に記しています。

キリストの血とは永遠の御霊《みたま》

ヘブル書に、

「(キリストは)ご自身の血によって、一度だけ聖所にはいられ、それによって永遠のあがないを全うされたのである」(九章一二節)とあります。さらに、

「永遠の聖霊によって、ご自身を傷《きず》なき者として神にささげられたキリストの血は、なおさら、わたしたちの良心をきよめて死んだわざを取《と》り除《のぞ》き、生ける神に仕える者としないであろうか」(九章一四節)とあります。

ここで「永遠の聖霊」と言い、その後、「神にささげられたキリストの血」と言《い》い換《か》えています。

永遠の聖霊とは十字架の血のことなんです。キリストの血です。

それで、「十字架の血によって贖《あがな》われる」と言っても、「キリストの聖霊、永遠の生命《いのち》によって贖われる」と言っても、同じことです。

旧新約聖書を一貫《いっかん》した信仰において大事なのは、このことです。

このキリストの血による贖いということを、いちばん明らかにしたのはヘブル書です。これは

聖書の民《たみ》ユダヤ人にわかるように書いた福音です。それでヘブル書をよく読むということが非常に大切です。しかし、今のキリスト教ではなかなかこれがほんとうには読まれない。だが、ヘブル書といい、ロマ書といい、違《ちが》ったものではない。こうやって読んでみたらよくわかる。

小羊の血によって衣《ころも》を白くされた者

私たちは何によって神の前に立ちえるのか。立ちえません。神の聖前《みまえ》に立とうとすると、神に背《そむ》いた自分の不真実、醜《みにく》さというものが目立って、とても神の栄光の聖前に立つことはできません。

しかし、黙示録《もくしろく》に次のように書いてあります。

「数えきれないほどの大ぜいの群衆《ぐんしゅう》が、白い衣を身にまとい、しゅろの枝を手に持って、御《み》座《ざ》と小羊との前に立ち、大声で叫《さけ》んで言った、

『救いは、御座にいますわれらの神と小羊からきたる』……

『アァメン、さんび、栄光、知恵《ちえ》、感謝、ほまれ、力、勢いが、世々限りなく、われらの神にあるように、アァメン』

長老たちのひとりが、わたしにむかって言った、『この白い衣《ころも》を身にまとっている人々は、だれか。また、どこからきたのか』……『彼らは大きな患難《かんなん》をとおってきた人たちであって、その衣を小羊の血で洗《あら》い、それを白くしたのである』」

（黙示録《もくしろく》七章九〜一四節）

白い衣というのは、神から義とされた者の着る衣のことで、義の衣とも言います。本来なら、衣は血によって赤く染《そ》まるわけですけれども、キリストの十字架の御血汐《おんちしお》によってその衣を白くされるという。その血によって清められた人たち。そのように、義の衣をまとって神の聖前《みまえ》に立つという思想が、新約思想としてあるんです。

贖罪《しょくざい》とはカファル（覆《おお》うこと）である

もう二十年も前の敗戦直後のことです。私は独立伝道を志しました。しかしながら、ちっとも人が集まりません。それで、誰《だれ》か私を迎《むか》えて集会をしてくれと言わないかと思っていたら、熊本《くまもと》の郊外《こうがい》にあるらい病院から依頼《いらい》が来ました。

日曜日の午後、そこに行くのが楽しみでなりませんでした。また、らい病の人たちも、ほんとうに喜んで迎《むか》えてくれました。私もなんとか伝道者らしい恰好《かっこう》が多少つきかけました。それでうれしかった。

そんなある日、らい病院に行く電車の中で、眼《め》をみはらせることがありました。

この世の中で、こんなに美しい姿《すがた》ってあるだろうかと息を呑《の》みました。

それは、らい病人の姿でした。付《つ》き添《そ》っているのはお母さんでしょうか、年配の婦人ともう一人が、沈《しず》んだ顔でその人をはさんで腰《こし》かけておりました。真ん中にいるその人は、大きな縫《ぬ》い目《め》なしの真っ白な羽二重《はぶたえ》で、頭から足のつま先まで覆《おお》われておりました。

当時、らい病というと非常に嫌《きら》いました。それで乗客の皆が電車から降《お》りてしまう。身体《からだ》じゅうが腐《くさ》って、もう耳もとれ、眼もとれ、足も手も指も欠けたようなひどい末期症状《しょうじょう》のらい病人でしょう。その人が真っ白な衣《ころも》を着せられて、らい病院に連れられてゆくのを見ると、深いショックというか印象を受けました。女か男か覚えておりません。そうやって一度らい病院に入ったら、二度と娑婆《しゃば》に出てくることもない所に運ばれておる。

私はそれを見た時、「贖罪《しょくざい》はこれだ」と思いました。罪の身を白い衣で覆われることだ、と。

神様、私はあなたの聖前《みまえ》にはとても立つことができない数々の罪を犯《おか》しました。

そのことを思ったら、どんなに布団《ふとん》をかぶってもぐり込《こ》んでも、消せるものではありません。

神様はすべてを見ておられる。他人が罵《ののし》り、嘲笑《あざわら》うような自分の姿《すがた》。だが、真っ白な羽二重《はぶたえ》を着せられて連れられてゆく人を見た時に、私は心の中で叫《さけ》びました、「神様、私が死んで聖前《みまえ》に立つ時に、かくあれかし。どうか天使よ、私に白き義の衣《ころも》を着せていただきたい。神の聖なる御前《みまえ》には、畏《おそ》れ多《おお》くて私はとても立つことはできない。しかし私は立ちたい、聖前に行きたい」と。その時、「彼らは大きな患難《かんなん》をとおってきた人たちであって、その衣を小羊の血で洗《あら》い、それを白くしたのである」(黙示録《もくしろく》七章一四節)という聖句の意味が、ハーッとわかったような気がしました。

十字架の血を体験せよ

それは神の義を示すためであった。すなわち、今までに犯《おか》された罪を、神は忍耐《にんたい》をもって見のがしておられたが、それは、今の時に、神の義を示すためであった。こうして、神みずからが義となり、さらに、イエスを信じる者を義とされるのである　（三章二五、二六節）

ここに、「それは神の義を示すためであった」と書いてあります。さらに、「今までの罪を見のがしておられたが」とありますが、ただ罪を見逃《みのが》すというのでは、はなはだ不義に思われます。

だが神は愛でして、見逃《みのが》すという慈悲《じひ》、忍耐《にんたい》、寛容《かんよう》というものがあればこそ、私たちは救われるんです。これが神様の義なんです。

ただそれだけでない、もう一つ積極的な意味においては、キリストの血を注ぐことによって罪を贖《あがな》い、神様のご性質を人間に賦《ふ》与なさる。そうして、そのキリストの御《おん》血《ち》を受けたところの人間は義とせられて皆、聖前《みまえ》に立つことができる状況《じょうきょう》に至《いた》る。

これは、どう言って説明したらいいでしょうか。

とにかく私は、

「十字架の血の体験者であれ」ということを、いつも言うんです。十字架の論理《ろんり》や議論では救われません。

脈脈と流る十字架の御血汐《おんちしお》

一九六五年にアメリカに行きました時のことです。十字架の血による贖いをうたった良い賛美歌がありました。それで英語の原詞《げんし》の意味を生かして、私は次のように日本語に作詞し直してみました。

脈脈と流るる　十字架の御血汐《おんちしお》
脈々とそそぐは　主イエスの御霊《みたま》
称《たた》え　主の御業《みわざ》を　たたえ
仰《あお》げ　仰げ　くれないの血
不思議な御力

（幕屋聖歌一七八番）

原始福音における贖罪《しょくざい》は、論《ろん》ではなくして、血にあるということです。

このことは非常に大事です。このポイントが狂《くる》うから、ユダヤ教とキリスト教が全く別の宗教になって話が通じないんです。それほど大事なのが十字架の血です。贖罪の血です。

このキリストの霊的な血が私たちを救うのである。キリストの血とは、聖霊のことです。聖霊が私たちを贖《あがな》うのであって、聖霊に浴さない限り、聖霊のバプテスマを受けない限り救われることはないんです。これが原始福音です。決してロマ書は別なことを言っていない。

パウロが贖罪と言うときに、当然のこととして聖書の贖罪観念を言っておる。

「神はこのキリストを立てて、その血において、信仰をもって受くべき贖いの供《そな》え物《もの》とされたのである」（三章二五節）とあるとおりです。

キリストの十字架によって成就《じょうじゅ》したこの贖《あがな》いの御業《みわざ》は、一度きりのことです。初めにして終わり、その一度は永遠の効力をもつんです。それで、ほんとうにキリストの御血汐《おんちしお》、十字架の御霊《みたま》を受けた者には、不思議な変化が起きる。これは事実として起きるんです。

神様がなぜ今まで罪人を見逃《みのが》しておられたかというと、この血の贖いに浴さしめるためです。

その意味において、「キリストによる新しい時代が始まった」とパウロは言うんです。

すなわち、原始福音の幕屋に来て、ありありと福音の中に現れる神の義を体験しない限り、このキリストの世界に触《ふ》れることはないと私は思う。パウロが言っている意味を、誰《だれ》もこんなにはっきりと講義しません。それは経験がないからです。

神の聖前《みまえ》に立ちえる喜び

私は時々思うことがある。大きな顔してこうして聖書講義したりしている自分を見たら、「あっ……」と言って、布団《ふとん》をかぶって隠《かく》れたいほどの人間です。しかし、おおけなくもキリストの十字架の御血は、私の罪を贖ってくださいました。それからは、贖ってやまないところの血の泉《いずみ》が込《こ》み上《あ》がってきます。

それゆえに、私は自分を忘《わす》れて御血汐を賛美するんです。

自分を思ったらとても立てません。しかし、白い衣《ころも》をまとったらい病人が運ばれていったように、キリストの贖《あがな》いの御血《おんち》のゆえに、私は白い義の衣を着せられて聖前《みまえ》に立ちえると思うんです。また今も立ちえる喜び、立たしめられておる贖いの喜びを知っております。

これはただ律法《りっぽう》による義とは違《ちが》うんです。律法の義だったら、当然、私たちは滅《ほろ》んでしまう。神が忍耐《にんたい》しておられた義、神はご自分のご性質を、御血汐《おんちしお》を、御霊《みたま》を与《あた》えたいために私たちの罪を見逃《みのが》してこられた。これが八章にロマ書のクライマックスとしてはっきり書いてあります。その伏線《ふくせん》として、こういうことをパウロはずっと論《ろん》じているんです。

だからユダヤ人であろうが、そうでなかろうが、ただ私たち皆が崇《あが》むべきものは十字架の御血汐です。それ以外に私は贖いということを知らないんです。

律法は、人間が神の御前に立ちえるものでないことを示してくれる点で功績があります。しかしそれは消極的であって、それならどうやって贖われるのかというと、律法自体に贖う力はありません。自分にはもう立つ瀬《たせ》がない、ただ

「主よ、恵んでください、私はもうあなたにおすがりする以外何もない人間です」ということがわかった時に、神様が、

「そうか、ようおまえはわかってくれた。おまえは自分がとても人様の前に、神の前に立つこと

ができない人間であるということを、ようわかってくれた」と言われて、その人に神の義が全うされるんです。

御血汐《おんちしお》が海のように日本を覆《おお》う時

神の義は福音の中に現れる。

すなわち、もう私は何もありません、ただキリストにおすがりする以外に何もありません、と言う者に与《あた》えられる義だけで生きることです。

今のキリスト教徒が、十字架の教理を信じて、それで事足れりとしておるときに、私たちは教理はどうでもいいです。議論《ぎろん》は彼らに任せて、私たちは御血汐がいたずらに流されないことを願います。キリストが十字架に流したもう御霊《みたま》を一しずく受けただけでも、事実、なんと私は変わっただろうと思うような体験が大事です。この贖《あがな》いの喜びを賛美し合うときに、「よかったですね、よかったですね」と互《たが》いに言い合うことができます。

人は「原始福音は贖罪論《しょくざいろん》が不徹底《ふてってい》だ」と言う。けっこうです。そういう批評《ひひょう》は喜んで受けます。なぜなら、論によっては救われないからです。私たちを救うのはキリストの御血汐だけです。これは詭弁《きべん》ではありません。

ひざまずいて、キリストの御血汐《おんちしお》に浸《ひた》りとうございます。

ウェスレーが叫《さけ》んだように、この贖《あがな》いの御血汐が、全世界を海のように覆《おお》う時はいつだろうか。どうか主よ、あなたがこの日本に始めたもうた十字架の御血汐による贖いが滲《し》み透《とお》ってゆきますように。ここにいる百二十名の、聖前《みまえ》に立つべくもない罪だらけの者が、皆その衣《ころも》を白くされて、聖前に立つことを許していただきとうございます。

聖歌一六一番を祈り心地で歌います。

崇《あが》めまつれや　御血汐
歌いまつれや　主の饗宴《うたげ》
聖霊《みたま》に　酔《よ》わされて
グローサ叫《さけ》ぶ　今ここに
ペンテコステの　朝やけ

（一九六八年五月十五日　②）

〔第八講　ロマ書四章一〜二五節〕

1それでは、肉によるわたしたちの先祖アブラハムの場合については、なんと言った
らよいか。2もしアブラハムが、その行いによって義とされたのであれば、彼は誇《ほこ》るこ
とができよう。しかし、神のみまえでは、できない。3なぜなら、聖書はなんと言って
いるか、「アブラハムは神を信じた。それによって、彼は義と認《みと》められた」とある。
4いったい、働く人に対する報酬《ほうしゅう》は、恩恵《おんけい》としてではなく、当然の支払《しはら》いとして認め
られる。5しかし、働きはなくても、不信心な者を義とするかたを信じる人は、その信
仰が義と認められるのである。6ダビデもまた、行いがなくても神に義と認められた人
の幸福について、次のように言っている、
7「不法をゆるされ、罪をおおわれた人たちは、
　さいわいである。
8罪を主に認められない人は、さいわいである」
9さて、この幸福は、割礼《かつれい》の者だけが受けるのか。それとも、無割礼の者にも及《およ》ぶの
か。わたしたちは言う、「アブラハムには、その信仰が義と認められた」のである。10

それでは、どういう場合にそう認《みと》められたのか。割礼《かつれい》を受けてからか、それとも受ける
前か。割礼を受けてからではなく、無割礼の時であった。11そして、アブラハムは割礼
というしるしを受けたが、それは、無割礼のままで信仰によって受けた義の証印であっ
て、彼が、無割礼のままで信じて義とされるに至《いた》るすべての人の父となり、12かつ、割
礼の者の父となるためなのである。割礼の者というのは、割礼を受けた者ばかりではな
く、われらの父アブラハムが無割礼の時に持っていた信仰の足跡《あしあと》を踏《ふ》む人々をもさすの
である。
13なぜなら、世界を相続させるとの約束が、アブラハムとその子孫とに対してなされ
たのは、律法《りっぽう》によるのではなく、信仰の義によるからである。14もし、律法に立つ人々
が相続人であるとすれば、信仰はむなしくなり、約束もまた無効になってしまう。15い
ったい、律法は怒《いか》りを招くものであって、律法のないところには違反《いはん》なるものはない。
16このようなわけで、すべては信仰によるのであって、それは恵みによるのであって、
すべての子孫に、すなわち、律法に立つ者だけにではなく、アブラハムの信仰に従《したが》う者
にも、この約束が保証されるのである。アブラハムは、神の前で、わたしたちすべての
者の父であって、17「わたしは、あなたを立てて多くの国民の父とした」と書いてある

とおりである。彼はこの神、すなわち、死人を生かし、無から有を呼《よ》び出《だ》される神を信
じたのである。
18彼は望み得ないのに、なおも望みつつ信じた。そのために、「あなたの子孫はこう
なるであろう」と言われているとおり、多くの国民の父となったのである。19すなわち、
およそ百歳《さい》となって、彼自身のからだが死んだ状態であり、また、サラの胎《たい》が不妊《ふにん》であ
るのを認《みと》めながらも、なお彼の信仰は弱らなかった。20彼は、神の約束を不信仰のゆえ
に疑《うたが》うようなことはせず、かえって信仰によって強められ、栄光を神に帰し、21神はそ
の約束されたことを、また成就《じょうじゅ》することができると確信した。22だから、彼は義と認
められたのである。
23しかし「義と認められた」と書いてあるのは、アブラハムのためだけではなく、24
わたしたちのためでもあって、わたしたちの主イエスを死人の中からよみがえらせたか
たを信じるわたしたちも、義と認められるのである。25主は、わたしたちの罪過のため
に死に渡《わた》され、わたしたちが義とされるために、よみがえらされたのである。

第八講

無から有を呼《よ》び出《だ》す神

ロマ書四章一～二五節

パウロは、神の前には異邦人《いほうじん》もユダヤ人も同じであって、人は皆、神の怒《いか》りの下《もと》にあるということを、三章まで説いてきました。

もちろんユダヤ人が神の選民として、律法《りっぽう》を、旧約聖書をもっているということは尊《とうと》いことです。しかし、それで救われるわけではありません。では、何が救いとなるのか。四章では、信仰の父と呼ばれるユダヤ民族の祖アブラハムを取り上げて、さらに論《ろん》じてゆきます。

アブラハムの祝福

それでは、肉によるわたしたちの先祖(父祖)アブラハムの場合については、なんと言ったらよいか。もしアブラハムが、その行いによって義とされたのであれば、彼は誇《ほこ》ることができよう。しかし、神のみまえでは、できない。なぜなら、聖書はなんと言っているか、「アブラハムは神を信じた。それによって、彼は義と認《みと》められた」とある。いったい、働く人に対する報酬《ほうしゅう》は、恩恵《おんけい》としてではなく、当然の支払《しはら》いとして認められる。しかし、働きはなくても、不信心な者を義とするかたを信じる人は、その信仰が義と認められるのである。

（四章一〜五節）

聖書の宗教はアブラハムに発するもので、ユダヤ人はその裔《すえ》であるということを誇りにしております。確かにアブラハムは他の人と比べて宗教的でしたけれども、そのような人間的な偉大《いだい》さのゆえに尊《とうと》いのではない。アブラハムの偉大さは、彼が神を信じたということにあるのだ。そう言って、パウロはユダヤ人のクリスチャンに対して、ユダヤ教の本質論《ほんしつろん》を訴《うった》えてゆきます。

父祖アブラハムに出発したユダヤ民族は、彼の「信仰」のゆえに祝福されたのではなかったか。彼は神の聖前《みまえ》に誇るところがあったのではない。ただ「神を信じた」という、その一事によって神はアブラハムを祝したもうたのだ、と。

この「アブラハムの祝福」が何であるかは、創世記《そうせいき》一二章以降《いこう》を読んでみるとわかります。

今から四千年ほど前、アブラハムがメソポタミア北部のハランに住んでおりました時のことでした。

「時に主はアブラム（後にアブラハムと改名）に言われた、
『あなたは国を出《い》で、親族に別れ、父の家を離《はな》れ、わたしが示す地に行け。わたしはあなたを大いなる国民とし、あなたを祝福し、あなたの名を大きくしよう。あなたは祝福の基《もとい》となるであろう。あなたを祝福する者をわたしは祝福し、あなたをのろう者をわたしはのろう。地のすべてのやからは、あなたによって祝福される』」（創世記《そうせいき》一二章一～三節）とあります。

この時、アブラハムは七十五歳《さい》でした。

続けて、有名な創世記一五章には、次のように書いてあります。

「これらの事の後、主の言葉が幻《まぼろし》のうちにアブラムに臨《のぞ》んだ、
『アブラムよ、恐《おそ》れるな。わたしはあなたの盾《たて》である、あなたの受ける報《むく》いは、はなはだ大きいであろう』。アブラムは言った、
『主なる神よ、わたしには子がなく、わたしの家を継《つ》ぐ者はダマスコのエリエゼルであるのに、あなたはわたしに何をくださろうとするのですか』。アブラムはまた言った、

『あなたはわたしに子を賜《たま》わらないので、わたしの家に生まれたしもべが、あとつぎとなるでしょう』。この時、主の言葉が彼に臨《のぞ》んだ、『この者はあなたのあとつぎとなるべきではない。あなたの身から出る者があとつぎとなるべきです』

そして主は彼を外に連れ出して言われた、『天を仰《あお》いで、星を数えることができるなら、数えてみよ』。また彼に言われた、『あなたの子孫はあのようになるであろう』。アブラムは主を信じた。主はこれを彼の義と認《みと》められた」（創世記《そうせいき》一五章一〜六節）

このような神の幻《まぼろし》にアブラハムが接したのは、彼が八十五歳《さい》の頃《ころ》だったと思われます。アブラハムがハランを出て、神が示したもうた地カナン（現在のイスラエル）に向かったのが七十五歳でしたから、すでに十年経《た》っています。それでも、神の約束は変わりませんでした。「必ず祝するぞ、必ずおまえの報《むく》いは大きいぞ、必ずおまえの裔《すえ》は増え広がって栄えてゆくぞ」と、ここまでほとんど毎章に書いてあります。

こういう旧約の背景《はいけい》を知っておかないと、ロマ書でパウロが言う意味がわかりません。

神が信仰の起動力である

先ほど読みましたところに、神様が、「アブラムよ、恐《おそ》れるな」(創世記《そうせいき》一五章一節)と言われたとありますから、アブラハムが信仰的に恐れておったということがわかります。

しかしなお、その恐れておるアブラハムを励《はげ》ますように、「空の星を数えてみよ、おまえの裔《すえ》はこのようになるぞ」と言われた。その時、「アブラムは主を信じた。主はこれを彼の義と認《みと》められた」(創世記一五章六節)というのです。

ですから、アブラハムが信じたのは、実際には神の言葉を信じがたいような状況《じょうきょう》の時のことでした。信仰があったというよりも、信仰がグラついておりました。しかし、何が彼の信仰を確かにしたのかというと、それは神の約束でした。アブラハムは恐れたり、動揺《どうよう》したりしましたけれども、そのような彼の信仰にもかかわらず、神様は変わりなく祝福を約束したもうた。彼が、「おれも八十五歳《さい》の爺《じい》さんになって、もうだめだ」というような気持ちになりました時に、「アブラムよ、恐れるな」と神様から励まされた。それで、「そうですか」と言って、奮《ふる》い立《た》って信じたのです。

そうすると、信仰とはどういうことになるでしょうか。

アブラハムに信仰があったのではない。彼に信仰をかきたてたのは神様であったということです。このことを忘《わす》れてはなりません。

すなわち信仰というものは、自分が信じたというよりも、自分は躓《つまず》きそうであったにもかかわらず、神に励《はげ》まされ、神に感動したために起こる現象なんです。

アブラハムには何も取《と》り柄《え》がなかった。もしあるというならば、もう望むべくもないような時に、神様が「約束するぞ」と言われたら、「ハイ」と言って信じた。その従順《じゅうじゅん》な心です。その信仰を、神様は数えなさった。それだけを勘定《かんじょう》に入れられ、後は勘定に入れられない。

四章の初めに、

「アブラハムは神を信じた。それによって、彼は義と認《みと》められた」とありましたが、ここに何度も「λογιζομαι《ロギゾマイ》　認められる」という語が出てきます。これは「認められる」というより、「数えられる、勘定される、顧《かえり》みられる」という意味です。

神様が私たちを祝福される時、過去に功績があったとか、失敗があったとかいうようなことは二の次、三の次であって、私たちが神の呼《よ》びかけに対して信ずるかどうかが問われるんですね。しかも、その信ずるというのは、自分の力で信ずるのではない。むしろ神様が信じさせなさるということです。

神様が信仰の起動力、原動力である。このことが大事です。

これを抜《ぬ》きにして、「私は信じます、信じます」と言うならば、その信仰はだいぶ間違《まちが》ってきます。神様が、どこまでもアブラハムを励《はげ》まして、お育てになったということです。

幸いなるかな、罪を覆《おお》われた人

しかし、働き(行ない)はなくても、不信心な者を義とするかたを信じる人は、その信仰が義と認《みと》められるのである。ダビデもまた、行いがなくても神に義と認められた人の幸福について、次のように言っている、「不法をゆるされ、罪をおおわれた人たちは、さいわいである。罪を主に認められない人は、さいわいである」

(四章五〜八節)


ここでパウロは、良い行ないがないのに神に義と認められた人の幸福について、「不法をゆるされ、罪をおおわれた人たちは、さいわいである。罪を主に認められない人は、さいわいである」という詩篇《しへん》三二篇一、二節を引用しつつ、ダビデも同様の経験をもっていた、と言っています。

ユダヤ人にとっては、アブラハム、ダビデというのは、最大級の宗教的人物です。信仰者の模範《もはん》であるこのダビデが、どのような信仰をもっていたか。彼は、罪があったにもかかわらずその罪を覆《おお》われ、罪を数えられなかった者の幸いをうたっているではないか。ダビデは、ただ信仰だけで救われ、神に義とされたのではなかったか、と言うわけです。

パウロ自身も、同様の信仰に生かされた人でした。

彼は、ダマスコ途上《とじょう》でコンバージョン(回心)するまで、クリスチャンを迫害《はくがい》する者だった。しかし、神の力に圧倒《あっとう》されて、「ああ、信じます！」と言って、信じさせられたんです。

このように不信仰な者をもひっくり返す力、これは神のものです。

すなわち、神の力によって生まれるタイプの信仰でなければだめだ、ということです。

どうでしょうか、私たちはそういう経験を欠きながら、自分の力でやっているんじゃないか。

ダビデは、「不法をゆるされ、罪をおおわれた人たちは、さいわいである」(詩篇《しへん》三二篇一節)と言いましたが、同様の意味で私は次のような賛美歌を作りました。

あなうれし　数にも入らざる　賤《しず》の身も

神かぞえ給《たも》う　時の満つれば

(幕屋聖歌一六九番)

神に数えられるというのは、罪が赦《ゆる》されるということです。罪が赦されなかったら、神様に数えられませんよ。では、新約的には何によって罪が赦され、覆《おお》われるのか。

それは、この前も学んだとおりです、

「神の恵みにより、キリスト・イエスにある贖《あがな》いによって義とされるのである。神はこのキリストを立てて、その血による、信仰をもって受くべきあがないの供《そな》え物《もの》とされた」(ロマ書三章二四、二五節)と。

贖いは、キリストの御血《おんち》が私たちに注がれ、私たちの罪が覆われることからくる。十字架上に流された血、すなわち聖霊の生命《いのち》が注がれることによって、私たちは罪が覆われるんです。

割《かつ》礼《れい》によらず

さて、この幸福は、割礼の者だけが受けるのか。それとも、無割礼の者にも及《およ》ぶのか。わたしたちは言う、「アブラハムには、その信仰が義と認《みと》められた」のである。それでは、どういう場合にそう認められたのか。割礼を受けてからか、それとも受ける前か。割礼を受けてからではなく、無割礼の時であった。

(四章九、一〇節)

割礼《かつれい》というのは、ユダヤ教徒のシンボル（しるし）です。神の民《たみ》となった証拠《しょうこ》として、ユダヤ人はこれを尊《とうと》び、皆、割礼を受けさせます。イエス・キリストも、生まれて八日目に割礼を受けられました。ですから、割礼があるかないかは、救いにとっての重大な条件と考えられておったということです。こういうところは、私たち日本人には無用な議論《ぎろん》のようですけれど、ユダヤ人としては大事なんですね。

創世記《そうせいき》の一七章二四、二五節を読んでみますと、

「アブラハムが前の皮に割礼を受けた時は九十九歳《さい》、その子イシマエルが前の皮に割礼を受けた時は十三歳であった」と書いてあります。すなわちアブラハムは、その信仰が義とされる経験に入りましてから、十三年経《た》った後に割礼を受けたということです。

それでパウロは、

「アブラハムの信仰が義とされたのは、割礼を受ける以前の、無割礼の時であった」と言って、無割礼の者でも信仰さえあれば義とされるのだ、と言うわけです。

アブラハムは割礼というしるしを受けたが、それは、無割礼のままで信仰によって受けた義の証印であって、彼が、無割礼のままで信じて義とされるに至《いた》るすべての人の父となり、

かつ、割礼《かつれい》の者の父となるためなのである。割礼の者というのは、割礼を受けた者ばかりではなく、われらの父アブラハムが無割礼の時に持っていた信仰の足跡《あしあと》を踏《ふ》む人々をもさすのである。

（四章一一、一二節）

アブラハムは信仰があったから、その徴《しるし》として割礼を受けたのだ。だから、割礼が大事なのではなく、信仰が大事なのだ。こうしてアブラハムは、割礼の者の父となるためだけではなく、無割礼の者の父ともなるために、つまりあらゆる民《たみ》の父となるために割礼を受けたのだ、ということです。

アブラハムの信仰

このようなわけで、すべては信仰によるのである。それは恵みによるのであって、すべての子孫に、すなわち、律法《りっぽう》に立つ者だけにではなく、アブラハムの信仰に従《したが》う者にも、この約束が保証されるのである。

（四章一六節）

ここで、「信仰」と「恵み」と「約束の保証」という三つのことが出てきますが、それらはパウロにおいて一つのことなんですね。アブラハムが信仰したのは、神の恵みであるし、その恵みによって信じたのは、彼の裔《すえ》が祝福されるという神の約束だった。

ところが今のキリスト教では、この「信仰」と「恵み」と「神の約束」がバラバラになっている。しかし、本当の信仰をした人たちは、皆これが一つです。一つに体験されるときに本物であるということです。

「すべての子孫に」とは、律法《りっぽう》に立つ者（ユダヤ人）だけでなく、アブラハムの信仰に従《したが》う異邦《いほう》人《じん》も含《ふく》んでいます。それらすべての人に、神様の約束が保証されるというのです。

「わたしは、あなたを立てて多くの国民の父とした」と書いてあるとおりである。彼はこの神、すなわち、死人を生かし、無から有を呼《よ》び出《だ》される神を信じたのである。彼は望み得ないのに、なおも望みつつ信じた。そのために、「あなたの子孫はこうなるであろう」と言われているとおり、多くの国民の父となったのである。

（四章一七、一八節）

アブラハムは、死人を生かす神様、無きものを有るものとして呼び出す神様を信じた、とあります。ここは、口語《こうご》訳《やく》の「無から有を呼び出される」というよりも、文語訳の「無きものを有るもの如《ごと》く呼《よ》びたまう」のほうが良いですね。

呼び出す神様ですから、人間の側の条件はどうであってもいいんです。神様が呼び出すか、呼び出さないかが大事なことです。神の行為《こうい》が絶対条件である。このように呼び出される経験、自分のようなつまらない者を呼び出してくださった神様がおられる。これを知らないなら信仰はわかりません。

アブラハムは神に呼び出されました時に、やがて多くの国民の父となるであろうということを、「望み得ないのに、なおも望みつつ信じた」とあります。原文では、「παρ'《パル》 ελπιδα《エルピダ》 επ'《エプ》 ελπιδι《エルピディ》 希望に反して希望の上に」となっています。「望むべからざるに望みを重ねて信じた」ということです。これがアブラハムの信仰でした。

その後、歴史的にもこの聖句のとおりになりました。ユダヤ教徒、キリスト教徒だけでなく、マホメット教徒からも彼は信仰の父として崇《あが》められている。より多くの人々から崇められているという点では、アブラハムはイエス・キリスト以上です。

無から有を創《つく》り出《だ》すもの

すなわち、およそ百歳《さい》となって、彼自身のからだが死んだ状態であり（原文は「死んでしまっており」)、また、サラの胎《たい》が不妊《ふにん》である(原文は「死んでおる」)のを認《みと》めながらも、なお彼の信仰は弱らなかった。彼は、神の約束を不信仰のゆえに疑《うたが》うようなことはせず、かえって信仰によって強められ、栄光を神に帰し、神はその約束されたことを、また成就《じょうじゅ》することができると確信した。
(四章一九～二一節)

アブラハムの信仰がなぜ義とされたかというと、彼は死人をも生かす神様を信じたからでした。百歳《さい》になって、彼自身の体は死んでしまっており、またサラの胎も死んでおるのを認めながらも、なお彼の信仰は弱らなかった。神の約束を疑わなかった。「διακρινομαι《ディアクリノマイ》　疑う」という語は、「二つの考えに惑《まど》う、ためらう」ことをいいます。すなわち、アブラハムは現実を見ても不信仰のゆえに惑わず、かえって信仰が強められた。絶望的な状況《じょうきょう》になればなるほど、信仰が強まったというんです。

宇《う》宙《ちゅう》の初めに、神様は何も無く混沌《こんとん》としておった中から、天地を創造《そうぞう》したまいました。創造ということは、無から有を創《つく》ることです。これは霊の働きです。神様が何かを創造しようとされる場合に、無きものを呼《よ》び出《だ》しさえすればよい。そうすると現象界に存在《そんざい》してきます。こういう神を、アブラハムは信じたのです。

ですから今のキリスト教が、ただ教理を信じているのとはだいぶ違《ちが》います。信仰はもっと創造《そうぞう》的《てき》なことです。

無から有を創《つく》る神に信じ、死人が復活することの体験、これが信仰です。

それで、聖書が言う信仰とは一体何なのか。四章五節に、

「働きはなくても、不信心な者を義とするかたを信じる人は、その信仰が義とされる」とありましたように、アブラハムもサラも不信仰でした。不敬虔《ふけいけん》でした。全く魂が死んだような状態にありました。不信仰とは、「神を信ぜよ」と言われても信ずる力のない者のことです。しかし、そのように「信仰」の「し」の字も無いような者から、信仰を創り出す神様、これをアブラハムは信じたというんです。

世の中にはもっと立派《りっぱ》な人がたくさんいるのに、なぜ私のような者が救われたでしょうか、と私たちは思います。しかし信仰は、人間が立派だから救われるのでない。死んだような者が生かされるということなんです。

法然上人《ほうねんしょうにん》の信仰

同様の信仰を、法然上人が興し、親鸞《しんらん》上人に受《う》け継《つ》がれたところの他力本願の信仰に見ること

ができる、といいます。

法然上人《しょうにん》は、幼名《ようめい》を勢至丸《せいしまる》と呼《よ》ばれて育ちましたが、父親がある事件にかかわったために斬《き》られて重傷《じゅうしょう》を負い、間もなく亡《な》くなりました。当時は源平《げんぺい》時代ですから、「父の仇《かたき》を必ず報《むく》いてくれ」と、仇討《あだう》ちを頼《たの》むものです。ところが父親は、「おまえは決して仇討ちしてはならぬ。仇討ちしたら、また仇討ちされて、きりがない。おまえは出家して私の菩提《ぼだい》を弔《とむら》ってくれ」と言いました。

こういうことは、よほどにその時代の思想から抜《ぬ》きん出《で》たものです。それで彼は、少年時代にお寺に預けられました。そうしたら、師匠《ししょう》が彼を「法然」と名づけた。法然というのはいい名前ですね、自然法爾《じねんほうに》という意味です。自然法爾というのは、人間の自力によらず、おのずから法にかなう世界に入ることです。

法然上人はずいぶん学問をしましたけれども、救われなかった。そして最後に悟《さと》ったのは、師匠が「法然」という良い名前をつけてくれたが、ほんとうにそうだった。今まで学問によって、長い間の蓄《たくわ》えた知識や知恵《ちえ》によって救われようとしたが、それらは何も功徳《くどく》がなかった。人為《じんい》を捨《す》てて仏に任せきることだ、ということを申しています。

キリスト教でいうなら、神学とか聖書知識で救われると思ったら大間違《おおまちが》いだった、ということです。

卑下《ひげ》することが往生《おうじょう》の障《さわ》り

もう一つ、私が法然上人《しょうにん》から受けた影響《えいきょう》があります。

彼は、自分が凡夫《ぼんぷ》である、つまらない人間であるということを、ためらうなと言っております。普通の人は、「私は罪人ですから、仏の救いに与《あずか》ったりするものでしょうか」と言って、謙遜《けんそん》することがよいことのように思う。しかし、仏の前には謙遜なんてできたものでない。いっそのこと、大胆《だいたん》に救われたほうがよいのだ。

「往生の道は卑下することこそ障りなり」。自分を卑《いや》しめることが救いの妨《さまた》げになる、ということです。

ほんとうにそうです。少しばかり徳があるとかないとか、知恵《ちえ》があるとかないとか、そんなことは神仏の前には役に立たぬ。そのことを悟《さと》ったら、自分を謙遜したり、卑下したりなんかしない。今のクリスチャンは、自分を「罪人」と言って卑しめることが救いに通ずるように思うが、それは大きな間違《まちが》いです。救いの根拠《こんきょ》が自分にはない。これは、全く他力思想というか、救われるのは一方的な神の恵み、仏の大きな慈悲《じひ》によるんです。

　また、法然上人《しょうにん》の弟子《でし》である親鸞上人は『歎異抄《たんにしょう》』の中で、「非行非善《ひぎょうひぜん》」と言いまして、自分が何か善《よ》いことをしたから救われるのではない、ただ阿弥陀如来《あみだにょらい》の計らいによるのである、と申しました。ここに、パウロとよく似た信仰の型を見ます。

　また彼は、念仏を称《とな》えておるうちに、自分は天にも躍《おど》り地にも踊《おど》るような欣喜《きんき》雀躍《じゃくやく》する心を抑《おさ》えがたいから、「南無阿弥陀仏《なむあみだぶつ》、南無阿弥陀仏」という称名《しょうみょう》になる、という意味のことを言っておる。それで、念仏さえ称えれば救われる、と言いました。

　南無阿弥陀仏というのは、永遠の光なる御仏《みほとけ》と南無する、すなわち合一することをいうんです。これは、もったいないある境地に達したから出てくる称名です。救われてもいない人が「ナムアミダブツ、ナムアミダブツ」とただ称えるのとは違《ちが》うんです。今の人々がただ他力本願、ただ仏の御計《おんはか》らいによって救われる、計らいのまにまに生きていったらよいと言うけれども、これは恩寵《ちょう》体験がなくてはやれません。親鸞が体験した信仰は随分《ずいぶん》違うと思う。

　アブラハムがそうです。彼は、

「あなたを祝福する者をわたしは祝福し、あなたをのろう者をわたしはのろう。地のすべてのやからは、あなたによって祝福される」（創世記《そうせいき》一二章三節）という神の御声《みこえ》をまず聞きました。これが信仰の基《もとい》なんです。

マルチン・ブーバーの批判《ひはん》

パウロがこのようにアブラハムの例えをもって語るのは、彼に体験があるからよくわかるんです。アブラハムは恵みによって救われ、ただ神の約束を信じたんです。

西洋の神学の間違《まちが》いは、テルトリアヌス以来、「不合理なるがゆえに我信ず」式だということです。これは「credo quia absurdum《クレド　クイア　アブスルドゥム》」という有名なラテン語です。

「不合理で自分は信ずることができない、だから信ずる」と言う。そうすると、理性に反して信ずるということになります。それが信仰であるかのように思いやすい。信仰を説く場合に、「こうこうです」と信仰を説明します。しかし、

「私は信じられません」と言う。

「いや、人間は罪人でしょう。罪人は皆、神の前に裁《さば》かれて死なねばなりません。死んでしまったら救われないでしょう。イエス・キリストが十字架にかかって、あなたの罪の身代わりになって死んでくださったんですよ。それを信ずることが信仰ですよ。お信じなさい、さあ思い切って信じなさい」と言う時に、理性をゴマ化して、

「信じます、信じます」と言う。これが西洋流の信ずるということです。それなら迷信《めいしん》です。

そうではないです。法然でも、親鸞でも、信ぜざるをえないようなことがあったから信じたんです。アブラハムも同様です。神様がたたみかけるように、「アブラハムよ、恐《おそ》れるな。わたしはおまえを祝すると言ったが、きっと祝する。天の星を数えてみよ、おまえの子孫はあのように多くなるのだ」と言って、確証されたから信じたんです。

確かなものを信ずる信仰と、不確かなのに信ずる信仰とは違《ちが》うんです。ヘブライ語のエムナー（信仰）という語は、確実であるから信ずることなんです。

宗教哲学者《てつがくしゃ》のマルチン・ブーバーが次のように言っています、「聖書はアブラハム以来、神の約束は確かであるということの上に立っている。そして歴史で試《ため》され、時代で試され、人によって試され、ほんとうに確かであればこそ、皆が信じている。不合理なるがゆえに我信ず、といったような信じ方は聖書にはない」と。

こういうところに、今のキリスト教の大きな間違いがあるんですね。

原始福音は、十字架の教理を信ぜよとは言いません。

「聖霊の場に入ってごらん。いやでも信ぜざるをえないから」と私は言うんです。幕屋の中にある信仰エネルギーともいうべきものが働くと、いつの間にか信じさせられている。そうする時に、神の義が、神の救いが、その人に成りはじめるわけです。

私の信仰テスト

今日は、光永国子《みつながくにこ》さんが良い証《あか》しをなさいました。

二十年前のことです。彼女が高校三年生の時、体育の時間に突然激《とつぜんはげ》しい痛《いた》みに襲《おそ》われ、もう身動きもできなくなった。大学病院で診《み》てもらうと、重症《じゅうしょう》の脊椎分離症《せきついぶんりしょう》で、一生ギプスにはまっている以外にない、と言われた。それでこの人は、もう神にすがる以外にありませんでした。ところが、たった一回、熊本《くまもと》の辛島町《からしまちょう》で開かれていた私の集会に出ただけでしたが、聖霊に撃《う》たれて激しいコンバージョン(回心)をなさった。そして、何かよほど力に満たされたんでしょう、まるで羽が生えたようにして喜んで帰ってゆかれた。この人は無口な人で、今日のように雄弁家《ゆうべんか》ではなかったです。

それから十九歳《さい》くらいの頃《ころ》になって、私の家のお手伝いとして来られました。「信仰によって治った」と言うから、私も受け入れました。ところが、十分ではありませんでした。私の家はお客さんが絶えずやって来ますから、じっとしておられません。しかも、国子さんのための特別の部屋なんてないので、お客が帰ってからでないと休むわけにもいかん。そういうわけですから、大変気の毒をかけました。

冬の寒い時にでもなると、ほんとうに背骨《せぼね》が痛《いた》んでたまらない。ところが私が、「あんた、そのように痛むようなら、ここにおっては困《こま》る。私の伝道の妨《さまた》げになる。寝《ね》るようだったら、もう家に帰れ」と言うから、寝るわけにいかん。

ところが、そのうちに治ってしまって、今のようにあんなに元気になられました。

なぜ私がこういうことをするかというと、このアブラハムの信仰から来るんです。

今はだめかもしれないが、そのだめなものの中から、良きものを呼《よ》び出《だ》すことができなさるのが神様です。無から有を創造《そうぞう》する神様を信じていたら、考えが普通と違《ちが》うんです。

「まあ、ひどいことをする」と言って、私を酷薄《こくはく》な人間のように人は思うけれども、信仰はそれを学ばなかったら何を学ぶのか。私の許《もと》では、ほんとうに祈って祈って祈らなければ、国子さんは毎日生きることができませんでした。

けれども、あの弱い体から、こうやって立派《りっぱ》に立ち直りました。彼女にとって、自分の身体《からだ》を癒《い》やすということは、信仰の力でなければ見込《みこ》みがなかったですからね。望むべくもあらぬ時に望むというようなことは、普通できませんよ。

これは、神様が何かを為《な》したもうということを知っておればこそです。知らなかったら、空《くう》ではできません。それで、何も私がひどい男ではないんです。本当の信仰を教えようと思うからです。こういうタイプの信仰でないなら救われない。

どうです、こういう所を読むと、神学的信仰と全然違《ちが》うということがわかりはしませんか。信仰は実際のことですよ。

死人の中から蘇《よみがえ》る信仰

だから、彼は義と認《みと》められたのである。しかし「義と認められた」と書いてあるのは、アブラハムのためだけではなく、わたしたちのためでもあって、わたしたちの主イエスを死人の中からよみがえらせたかたを信じるわたしたちも、義と認められるのである。主は、わたしたちの罪過のために死に渡《わた》され、わたしたちが義とされるために、よみがえらされたのである。

（四章二二〜二五節）


今の一般のキリスト教は、「十字架を信じたら救われる、義とされる」と言います。しかし、パウロは決してそう言っていない。

死人の中から蘇る復活の信仰、これが私たちを義とするんです。

「主イエスは、私たちの罪過のために死に渡された」。死に渡されるというのは、十字架にかかりたもうたということですね。すなわち十字架とは、私たち人間の罪の象徴《しょうちょう》である。私たちが不信仰でキリストを信ぜず、十字架につけてしまった。

しかし、私たちの義のために、救われるために、キリストは蘇《よみがえ》らされたのである。聖書には、「私たちが義とされるために」と訳《やく》されていますが、原文は「私たちの義のために」です。

すなわち、十字架は罪の代名詞《だいめいし》であって、復活が義の代名詞であるということです。

この四章の最後の句、二五節は赤すじ引いておかれるといいです。世の多くの人々の信仰は十字架どまりなんです。私たちはキリストの復活の力を受けなければならない。

今も私たちが信仰するというときに、信仰以前に起動力となるものがあるんです。

それは復活のキリストである。キリストの御霊《みたま》です、聖霊です。神の霊が躍如《やくじょ》として働くか働かないか、ということが信仰に先立つんです。

御霊の注ぎによって義とされる

使徒ペテロも、次のように申しております。

「キリストの復活をあらかじめ知って、（ダビデは）『彼は黄泉《よみす》に捨てておかれることがなく、またその肉体が朽《く》ち果《は》てることもない』と語ったのである。このイエスを、神はよみがえらせた。そして、わたしたちは皆その証人なのである。それで、イエスは神の右に上げられ、父から約束の聖霊を受けて、それをわたしたちに注がれたのである。このことは、あなたがたが現に見聞きしているとおりである」

（使徒行伝二章三一～三三節）

「悔《く》い改《あらた》めよ。そして、あなたがたひとりびとりが罪のゆるしを得るために、イエス・キリストの名によって、バプテスマを受けなさい。そうすれば、あなたがたは聖霊の賜物《たまもの》を受けるであろう。この約束は、われらの主なる神の召《め》しにあずかるすべての者、すなわちあなたがたと、あなたがたの子らと、遠くの者一同とに、与《あた》えられているものである」

（使徒行伝二章三八、三九節）

キリストの復活を信ずる信仰によってなぜ救われるのかというと、復活のキリストは、今も信ずる者に約束の御霊《みたま》を注がれるからです。これが私たちが義とされる理由であります。

ですから、神の御前に義と認《みと》められ、数えられて立つためには、神から約束の御霊を受けていなければならない。

キリストの霊が働き、私たちに御霊《みたま》を注ぎたもうということだけが、私たちにすべてです。ですから御霊の感動によらないで信仰が起きた場合に、その信仰は自分の信仰でありまして、神の起こしたもうた信仰ではありません。信仰は恵みによって生まれるものです。恵みというのは、神の御霊の恵みです。

どうぞ、神様、祝してください。幻《まぼろし》の中にでも現れて祝してください。そして私たちが人を祝するときに、その人がまことに祝されるほどに、あなたの祝福が伴《ともな》ってください、と祈らねばなりません。

（一九六八年五月二十二日）

＊マルチン・ブーバー…一八七八〜一九六五年。二十世紀を代表するユダヤ人宗教哲学者《てつがくしゃ》。主著《しゅちょ》『我と汝《なんじ》』をもって対話の哲学を提唱。また、ユダヤ教神秘《しんぴ》思想であるハシディズムを世界に紹介《しょうかい》した。旧約聖書を原文のヘブライ語からドイツ語に翻訳《ほんやく》。

〔第九講　ロマ書五章一〜四節〕

1このように、わたしたちは、信仰によって義とされたのだから、わたしたちの主イエス・キリストにより、神に対して平和を得ている。2わたしたちは、さらに彼により、いま立っているこの恵みに信仰によって導き入れられ、そして、神の栄光にあずかる希望をもって喜んでいる。

3それだけではなく、患難《かんなん》をも喜んでいる。なぜなら、患難は忍耐《にんたい》を生み出し、4忍耐は錬達《れんたつ》を生み出し、錬達は希望を生み出すことを、知っているからである。

第九講

栄光の希望の門

ロマ書五章一〜四節

パウロがこれまで申しましたことは、「神様は聖なる不満を覚えておられる。それは、人間が罪の奴隷《どれい》となっているからだ」ということでした。

ここで罪というのは、泥棒《どろぼう》したとか、人殺しをしたとか、犯罪の罪をいうのではありません。神様に背《そむ》くことを罪というんです。神に背き、神の聖前《みまえ》に立てないということが根本問題です。その罪の状況《じょうきょう》から解放されることが救いなのです。

しかしながら、人間が罪人であるということは、何によって認識《にんしき》されるのか。何かの基準に照らされなければ、罪を思い知らされるということはありません。その基準となるのが、旧約聖書に記された神の律法《りっぽう》です。律法に照らしてみると、情けない自分がわかる。しかし律法は、「こうせい、ああせい、こうあるべし」と言うだけであって、人間を救ってはくれません。救われなければ、もう死以外にない。そのようにはかない人間を、何が救うのか。

ロマ書八章一一節を読むと、次のように書いてあります。

「もし、イエスを死人の中からよみがえらせたかたの御霊《みたま》が、あなたがたの内に宿っているなら、キリスト・イエスを死人の中からよみがえらせたかたは、あなたがたの内に宿っている御霊によって、あなたがたの死ぬべきからだをも、生かしてくださるであろう」

すなわち、死から救われるためには、神の御霊を内に宿すこと以外にない。死んでも死なない永遠の生命《いのち》が与《あた》えられることです。聖霊が与えられることです。

ロマ書五章からは、神の怒《いか》りから救われること、罪から救われること、律法《りっぽう》から救われること、死から救われることについて論《ろん》じてゆきます。これは関連した一つのことですから、はっきり四つに分けてというわけにはゆきませんが、特徴《とくちょう》を言うならば、そういうことを主題にしてパウロは説いております。

信仰は段階的《だんかいてき》なことではない

このように、わたしたちは、信仰によって義とされたのだから、わたしたちの主イエス・

キリストにより、神に対して平和を得ている。わたしたちは、さらに彼により、いま立っているこの恵みに信仰によって導き入れられ、そして、神の栄光にあずかる希望をもって喜んでいる。

（五章一、二節）

この箇所《かしょ》について、一般のキリスト教会では次のように説きます。

まず、私たちは罪人である。罪人は罪を告白して、神の前に義とされなければならない。義と認《みと》められたならば、神と和解しなければならぬ。神との平和に入ったならば、次に恵みに入る。恵みから、ついには栄化される、と。

このように、信仰は段階的《だんかいてき》に完成してゆくものだと考えます。

しかしパウロは、そのような段階的なことではなく、一つのことを言っているんです。

私たちが義とされるということは、すでに神様と平和の状況《じょうきょう》じゃないか。目交《まなか》いに神を見《み》奉《たてまつ》るような状況なんじゃないか。栄化される望みの門をひと叩《たた》きすれば、ポンと栄光が私たちをとり巻《ま》くような状況なんじゃないか。だからどんな困難《こんなん》があっても、もう希望満々、忍耐《にんたい》し、錬達《れんたつ》して、信仰が進んでゆくのだ、ということを言っているんです。段階的になどというような、そんなにまどろっこしい信仰を説いておるのではありません。

生けるキリストに出会ったパウロ

パウロはここで、考え事や論理《ろんり》のことを言っているのではない。パウロ自らが体験したことを言っているんです。私たちは体験を抜《ぬ》きに、このロマ書を読んでもよくわかりません。もちろん人間ですから、ある想像はつきますよ。しかしながら、想像することと、まざまざと体験することは全く別のことです。

ですからパウロの書いたものを読むときには、彼の行動を記録した使徒行伝や他の書簡《しょかん》などを総合的に読んで判断しないと間違《まちが》います。それを抜きにして、バルトその他の神学者たちが、神学として、論理として組織だてるときに、とんでもない結論を出してしまうんです。

パウロは、

「信仰によって義とされたのだから、わたしたちの主イエス・キリストにより、神に対して平和を得ている」(一節)と言っている。

平和ということは、敵対している関係に対して、仲直りして和《やわ》らいでいる状態のことです。これは、パウロの体験を言っているんです。

彼はクリスチャンを迫害《はくがい》する者でした。初代教会最初の殉教者《じゅんきょうしゃ》であった義人ステパノが石打ちされる現場に立って、「殺《や》れ、殺れ！」と叫《さけ》んだ一人だった。さらに彼は息をはずませながら、クリスチャンを捕《と》らえて処罰《しょばつ》するために遠くシリアのダマスコまで出かけてゆきました。

このダマスコ途上《とじょう》において、彼は決定的な体験をしました。

それは、神の敵であったところのパウロの前に、イエス・キリストが現れたのです。

「サウロ（改名する前のパウロの名）よ、サウロよ、なぜわたしを迫害《はくがい》するのか」

「わたしはクリスチャンを迫害しているんです」

「いや、わたしをどうして迫害するのか」

キリストと信者とは霊的に一体ですから、迫害されるご自分をビリビリ感じてキリストが御《み》姿《すがた》を現された時に、

「あなたは誰《だれ》ですか」と、パウロは聞きました。すると、

「ナザレのイエスだ。おまえが迫害している者だ」と答えられた。さらに、

「おまえは今後、わたしの名を伝える器《うつわ》として、わたしが選んだ者である」と言われて、何もおとがめはなかった。（使徒行伝九章）

このような経験を基礎《きそ》にパウロはロマ書を書いておるのであって、神学論《しんがくろん》として語っているのではありません。

聖者スンダル・シングの経験

インドが生んだ不世出の聖者スンダル・シングも同様でした。

彼は十五歳《さい》の時、何とか真《まこと》の神に接したいと願ったが、なかなか接しえない。インドの宗教に熱心だった彼は、キリスト教は悪い宗教だと思って、皆の見ている前で聖書を焼《や》き捨《す》てた。それで気が晴れるかと思ったら、ちっとも晴れない。それどころか精神的にますます不安定になって苦しみました。

このような霊的に味気ない人生を送るのならば、たまらない。それでとうとう、汽車に轢《ひ》かれて死んだほうがましだと思うようになりました。

スンダル・シング
（1889〜1929年？）

聖書を焼き捨ててから三日目、彼は朝三時に起き、死を覚悟《かくご》して祈りました。すると、朝の四時半頃《ごろ》に光まばゆい状況《じょうきょう》になった。火事が起きたのではないだろうか、と彼は思いました。その時、真っ白い姿《すがた》の人が現れた。ああ、これはお釈迦様《しゃかさま》だろうか、インド教の神様だろうかと思って仰《あお》ぐと、イエス・キリストで

あった。そのキリストは、愛の瞳《ひとみ》をもってお立ちになり、

「あなたはなぜわたしを迫害《はくがい》するのか。わたしは、あなたや全世界のために十字架上に死んだのである」と言いました。

彼はびっくりして、寝《ね》ている父親を起こしました。

「お父さん、私はキリストに出会った！」

「何をバカなことを言うか。おまえは三日前にキリスト教の本を焼いたばかりではないか」

「いえ、本当です。今も復活して生きているキリストに出会ったんです」

こうして、スンダル・シングは大きな喜びと平安を味わいました。それは、かつて感じたことのない平安でした。今までキリストに敵対しておった者ですから、キリストからさぞ厳罰《げんばつ》を食らうだろうと思っておったのに、一瞬《いっしゅん》にして大きな喜びと平安が魂に満ちた。

こういう経験があるんです。こういう経験の上に、パウロは論《ろん》じておるのであって、経験を欠いでいる人がロマ書を読んだってわかりはしません。

神を目交《まなか》いに拝《はい》する恵み

なおもう少し言うならば、二節に

「この恵みに信仰によって導き入れられ」とあります。ここに「προσαγωγη《プロサゴーゲー》　導き」と訳《やく》された語は、「導き」というよりも「接近」という意味です。

たとえば、有力な人に名刺《めいし》を持っていってお近づきを得る、というような場合に使われる語です。だから「導き入れられた」ではなくて、キリストによって「お近づきを得た」とか、「接近をもった」と訳すべきです。

私たちは、偉《えら》い王様の前にはとても近づくことができません。それが間近に侍《はべ》ることが許されるぐらいに、神との平和を得たという意味なんですね。そして、神様に近づくということは神様の恵みに与《あずか》ることなんです。内なる祝福です。それが実を結んで、外なる祝福にもなります。

大事なことは、魂の内なる恵みです。商売がうまくゆくとか、相場で儲《もう》かったとか、月給が上がったとか、それは外側のことで小さいことですね。

私たちにとって大事なことは、卑《いや》しい自分であるにもかかわらず、光まばゆいような神の御前《みまえ》に立つことができる、内的な平安を得る、ということです。昔の言葉で言うならば、神の御前に咫尺《しせき》するとでも言いましょうか、神様を目交《まなか》いに拝《はい》しまつるような状況《じょうきょう》に入る恵みが大事なんです。あとの事は小さな事です。

ですから義とせられた状況とは、恵まれて、神様とお近づきとなり、神の栄光に与る望みに入っている状況《じょうきょう》のことなんです。

神様の前に出るということは恐《おそ》ろしいことだと、旧約以来言われておったけれども、決してそうではない。恐ろしいはずの神様の御前《みまえ》に、はばからずに出られる状況を義というんです。こうして読んでみると、今のキリスト教が説いておることと、パウロの体験が違《ちが》うということがわかるでしょう。

パウロは、コンバージョン(回心)しましたら、いっぺんにそういう経験に入った。もちろん、その経験がさらに深まった、高まったということは、信仰の進歩としてありますよ。しかしながら、今のキリスト教が言うように、「段階的《だんかいてき》に」(机《つくえ》をドンドンと叩《たた》きながら)、というような意味の進歩ではないんです。これは大事なことです。

義とされた状況を、こうやってパウロは説くのであります。

義とされると、神に対して平和をもつ。神様にお近づきを得るというんですから、もう神と切っても切ることができないような、神と共に歩く生涯《しょうがい》が始まるんです。

義とせられた者の雰囲気《ふんいき》

昨日、K君が箱根聖会の契約《けいやく》のことで大阪から来ていました。その後、ここに泊《と》まってゆきましたから、いろいろ聞いたんです。

「大阪幕屋に峯﨑《みねさき》三四男《みよお》君が伝道に来てから、どうですか」

「言葉に尽《つ》くせません。いやあ、こんな良い先生が来てくださるとは思いませんでした」

「ぼくは何度も君に言っただろう。峯﨑君の伝道は実に立派《りっぱ》である、と」

「いや、こんなに素晴《すば》らしいとは思いませんでした」

峯﨑君は、この間まで皆さんと一緒《いっしょ》に天王寺《てんのうじ》幕屋で机《つくえ》を並《なら》べて学んだ人です。彼が、神戸《こうべ》にいた時も、京都でも、そのたびに私からこっぴどく叱《しか》られて、何度も泣きの涙《なみだ》で追い返されなさった。私は何度も彼の不信仰を責めました。いや、不信仰じゃないんです、惰弱《だじゃく》なんです、彼は。

しかし、K君は言いました、

「今はなんと立派でしょうか。もう峯﨑先生が黙《だま》って座《すわ》っていなさるだけでも、大きな平安が辺りに漂《ただよ》います。お会いしただけでも、もういろんなお話をすることもありません。こういう優《すぐ》れた霊の器《うつわ》が熊本《くまもと》でこの三年間に用意されて、大阪にカムバックして来られるとは思いませんでした」と。

それです。神に義とせられた者のもっている特有な雰囲気《ふんいき》はそれなんです。

義とせられた状況下《じょうきょうか》を歩いておったら、大きな平安が、喜びがその人に漂っている。これはもう議論《ぎろん》じゃない。教理・神学の問題ではない。体験の問題です。

「いやあ、峯崎先生を悪く言う人がいるならば、盲《めくら》ですね」

「そうねえ、それなら君も盲だったたじゃないか」

「はい、ほんとうにそうでした」

そんな会話をしながら、私はほんとうにうれしかった。

どうかここに一緒《いっしょ》に学んでいるお互《たが》い、一年後に、「いやあ、あのかたが光の洪水《こうずい》のように、こんなに平安と喜びを漂《ただよ》わせる人になろうとは」と言って、お互いに手を合わせ合う兄弟姉妹《しまい》になりとうございます（アーメン）。

悩《なや》みの中で勝《か》ち誇《ほこ》る喜び

パウロはパリサイ人であった時に、神に近いと思っていたけれども、近くはなかった。しかしキリストによって、全くひっくり返されて、真に神と共に歩く人間になりました。何度も言いますが、これは体験的なことです。ですから、

「今立つところの恵みを得させるために、神様は近づいてくださった」（二節）と言うんです。すなわち、神に近しく生きておるクリスチャンの生涯《しょうがい》は、恵みに立っているということです。

不思議な神様の保護と祝福の中にあることが信仰なんです。

それだけではなく、患難《かんなん》をも喜んでいる。なぜなら、患難は忍耐《にんたい》を生み出し、忍耐は錬達《れんたつ》を生み出し、錬達は希望を生み出すことを、知っているからである。（五章三、四節）

ただ外側の恵みだけではありません。パウロはここで、患難をも喜ぶと申しております。地上の悩《なや》みなどがあっても消すことができない、神様から賜《たまわ》る恵みがあるんですね。神様のこの御愛の中に生きたら、私はもう何にもいらない、というほどの恵みがありますよ。それがあるゆえに強いんです。悩みに耐《た》えられるんです。悩みに耐えてみると、もっと大きな恵みにも与《あずか》るわけです。

ここに出てくる「καυχωμεθα《カウコーメサ》　喜んでいる」は、単に「喜ぶ」というよりも、「勝《か》ち誇《ほこ》る、喜び勇む、勝利感を味わう」という意味です。患難のどん底にある中でも、勝利感をもっている。これは義とせられた者の経験です。

そうして患難の中で勝ち誇りうるのは、患難が忍耐を生み出すことを知っているからです。「κατεργαζομαι《カテルガゾマイ》　生み出す」という語は、「作り出す」と訳《やく》したほうがいいでしょう。

患難《かんなん》は忍耐《にんたい》を作り出す。ただの忍耐ではない、大きな光栄に殉《じゅん》じている喜びが、いつの間にか忍耐させるんです。勝《か》ち誇《ほこ》って忍耐するというのは、そういうことです。

それで、五章三、四節を直訳《ちょくやく》すると、

「それだけではなく、わたしたちは患難の中にあっても、患難は忍耐を、忍耐は錬達《れんたつ》を、錬達は希望を作り出すことを知っているから、勝ち誇っている」となります。

「δοκιμη《ドキメー》　錬達」は、試験に合格することをいいます。試みに遭《あ》って合格する。だから「錬達」と訳している。

患難は忍耐を作り出し、忍耐は錬達を作り出す。こうして信仰は、忍耐を重ねて鍛《きた》え上《あ》げられたものになるんです。そう一朝一夕《いっちょういっせき》にはゆきませんよ。躓《つまず》きそうな時に躓かずに、ああよかった、神様を信《しん》じ抜《ぬ》いてよかったなあと、後で感謝が湧《わ》きます。

ある人は、原始福音の人たちは威張《いば》りすぎていると言うけれども、勝ち誇って生きていなかったら、それはほんとうに義とせられた人の表情ではありません。

人は自分を卑《いや》しめるかもしれない。この世では地位も低いし、物質的にも貧しい。そして悩《なや》みの中にいる。だが、「見てくれ、心の錦《にしき》を」と言いたいくらいに勝ち誇る気持ちがある。これが義とせられた人の感情です。「義とせられた」と言いながら、どこかビクビクして生きておるクリスチャン、そんな者は義とせられていないんです。

人々の無理解の中でほんとうに辛《つら》い。しかしながら、「神様！」と言って祈ったら涙《なみだ》が滂沱《ぼうだ》と流れてたまらなくなる。患難《かんなん》の中に勝《か》ち誇《ほこ》るような気持ちが込《こ》み上《あ》がってくる経験があるんです。人間というのは妙《みょう》なものでして、信仰さえあれば、悩《なや》みがあればあるほど喜びが増してきます。

栄光に与《あずか》る希望があればこそ

私たちは、信仰によって神様の御側《みそば》に導き入れられるというか、お近づきをもてたということは、恵まれているだけでありません。それは、「神の栄光に与る希望に勝ち誇っている」(二節)ことです。それが義とせられた状況なんです。一度、小さいながらでも栄光に浴する経験があると、またなお栄化される。シェキナー状態(神の臨在《りんざい》)に出会うことの希望に胸《むね》がときめきます。

神の側に近くあるということは理屈《りくつ》ではない。ほんとうに恵まれる体験として実感できるんです。私はこういう経験にいつも励《はげ》まされます。

私が特別集会でもする時は、何を目的にするかというと、

「神様、今度の集会を通して、どうぞご臨在のまばゆい光の中にお入れください」と祈ります。

自分で一度入れられた経験があればこそ、また願い祈ることができるんです。神の栄光の希望があればこそです。そういうことがなかったら、何を目標に伝道しましょう。何を目標に集会をしましょう。

神の人モーセは、昼は雲の柱、夜は火の柱が上って、民《たみ》を導く徴《しるし》が現れない限り、その場所を動かなかった、という。そのように、ご栄光が先だって導く経験があるものです。栄光というこ とは、神の本質が現れるというか、ご臨在《りんざい》がしるけく現在することをいいます。その素晴《すば》らしさを栄光というんです。神のお側《そば》にあればこそ、この栄光に胸《むね》がときめくんです。

今年は明治百年になる、といいます。

今の人は民主主義で育っているから、この私の知っている喜びを知らないかもしれないけど、明治《めいじ》大帝《たいてい》というおかたは大した天皇様《てんのうさま》でした。もし拝顔《はいがん》の栄《えい》を賜《たまわ》るなら、その時はどんなに身震《みぶる》いしてうれしいでしょう。そのような栄誉《えいよ》に浴した者は、現在の患難《かんなん》をも喜びます。

これは、明治維新《いしん》のために奔走《ほんそう》した志士たちが味わった気持ちです。彼らは、天皇陛下《へいか》の御代《みよ》が来ることを望み、どんなに悩《なや》みがあっても、王政復古の実現のために戦いました。そのような栄光の希望に勝《か》ち誇《ほこ》って生きるということが、おわかりでしょうか。

それと同じようにパウロは、キリストの御国《みくに》が成立するためには、どんなことでも怯《ひる》むものかと思いました。

これは、ただ黙《だま》って十字架を忍《しの》ぶといったようなことではない。大いなる喜びがあるから、悩《なや》みを悩みと思わずに勝《か》ち誇《ほこ》って生《い》き抜《ぬ》くわけです。

信仰とはこういうことです。

（一九六八年五月二十九日 ①）

〔第一〇講　ロマ書五章五～一一節〕

5そして、希望は失望に終ることはない。なぜなら、わたしたちに賜《たま》わっている聖霊
によって、神の愛がわたしたちの心に注がれているからである。
6わたしたちがまだ弱かったころ、キリストは、時いたって、不信心な者たちのため
に死んで下さったのである。7正しい人のために死ぬ者は、ほとんどいないであろう。
善人《ぜんにん》のためには、進んで死ぬ者もあるいはいるであろう。8しかし、まだ罪人であった
時、わたしたちのためにキリストが死んで下さったことによって、神はわたしたちに対
する愛を示されたのである。
9わたしたちは、キリストの血によって今は義とされているのだから、なおさら、彼
によって神の怒《いか》りから救われるであろう。10もし、わたしたちが敵であった時でさえ、
御子《みこ》の死によって神との和解を受けたとすれば、和解を受けている今は、なおさら、彼
のいのちによって救われるであろう。11そればかりではなく、わたしたちは、今や和解
を得させて下さったわたしたちの主イエス・キリストによって、神を喜ぶのである。

第一〇講

聖霊により注がれる神の愛　ロマ書五章五〜一一節

信仰は、どんな時にも神と共に生き、神に親しく交わりまつる経験が根本です。これを欠いで信仰はありません。宗教的な理屈《りくつ》を信ずることではありません。私たちはまず、神の聖前《みまえ》にまかり出て、現在したもう神に出会うことが大事です。

前講に引き続いて、五章五節から読みます。

そして、希望は失望に終ることはない。なぜなら、わたしたちに賜《たま》わっている聖霊によって、神の愛がわたしたちの心に注がれているからである。（五章五節）

希望は失望に終わることはない。文語訳《ぶんごやく》には「希望は恥《はじ》を来《きた》らせず」とありましたが、そのほうがいいですね。「失望に終わることはない」の原文は、「辱《はずかし》めない、当てはずれにならぬ」という語です。希望は恥《はじ》をかかせない。望んだとおりについになる、という意味です。

さらにパウロは、この五節で根本的なことを申します、

「なぜなら、わたしたちに賜《たま》わっている聖霊によって、神の愛がわたしたちの心に注がれているからである」と。これは、非常に大事な聖句です。

多くの人は、「愛する」とか、「愛される」とか言って、「愛」を人間の感情、または人間の行《こう》為《い》だと考えております。しかし、そうではありません。神の愛という、実存的《じつぞんてき》な生命《いのち》が私たちの心に注いでくるんです。この経験が本当の意味で私にあっただろうかと思った時に、まあ少しはありました。しかし、聖霊経験を積んだ時に何が始まったかというと、神の愛が私にウワーッと注がれる経験をしたんです。

神の愛というのは、人間が神を愛する愛ではない。神が人間を愛する愛です。私たちに対する愛です。こんなバカな奴《やつ》を、神様はこんなに愛してくださるとは！　あまりにもったいなくて、涙《なみだ》が滂沱《ぼうだ》と流れる。なんでこんなに涙が出るのだろうかと思うけれども、もうたまらない。それは、聖霊による愛なんです。聖霊によって神の愛が私の心に注がれるからなんです。

「注がれる」というのは、「εκχεω《エクケオー》　注ぎ出す」という語です。田植え時期になりますと、灌《かん》

漑《がい》して田に水を注ぎますように、注ぎ出すことです。

すなわち、聖霊によって何が私たちの心にドクドクと流《なが》れ込《こ》んでくるかというと、神の愛という生命《いのち》が流れ込んでくるのを感ずる。だから、どんなに悩《なや》み、困難《こんなん》な時でも、神の愛に慰《なぐさ》められておりますから、ますます信仰は悩みに耐《た》え、忍耐《にんたい》は錬達《れんたつ》を生じ、錬達は希望を生じ、希望は決して辱《はずかし》められないんです。神の愛がすべてを支えている。この一句は大事です。

私を救った聖書の一句

もし、「あなたを救った聖句がありますか」と人に聞かれたら、私にとってはロマ書五章五節のこの一句です。

「わたしたちに賜《たま》わっている聖霊によって、神の愛がわたしたちの心に注がれているからである」

私が伝道を志した頃《ころ》のことでした。

聖書を読んでも読んでもわからずに迷い、悩み、苦しんでおりました。しかし、この一句を見《み》出《いだ》した時に、この聖句が光るように私に迫《せま》ってきた。単なる言葉ではなくして、私の魂に突《つ》っ込《こ》んで入ってきました。

「この言《こと》に命あり、この命は人の光なりき」（ヨハネ伝一章四節）とありますけれども、まことに生命《いのち》の光のように私に迫《せま》ってきた。そして一気呵成《いっきかせい》に『聖霊の愛』という本を書き上げたことがあります。

聖霊の愛とは、「私はこの人が好きだ」と言って、好きな者を愛する愛ではありません。「私はあなたにほうれんそう」と言って好きだった男女が、もう憎《にく》しみ合《あ》っているというのは、小説の題材ではないか。そのように、憎しみに変わったりするような愛、人間の愛する、愛さない、といったようなこととは、およそ違《ちが》うんです。

真《まこと》の愛は天国の生命なのであって、その永遠の生命を、聖霊という生命を、名づけるなら「愛」と名づけたらよい。神の愛とは何か。ヨハネ第一の手紙に書いてあります、「主は我らのために命を捨《す》てたまえり、これによりて愛ということを知りたり、我らもまた兄弟のために命を捨つべきなり」（ヨハネ第一書三章一六節）と。命を捨てることを愛というんです。

私がこのロマ書五章五節の聖句で救われたというのは、自分の長い間の疑問《ぎもん》が氷解したのが、この言葉のお蔭《かげ》であったという意味です。何も私は聖句によって救われたんじゃない、キリストに救われたんです。しかし、今までのキリスト教の間違《まちが》った教理に対して、決定的な審判《しんぱん》を下したのは、この一句でした。

律法《りっぽう》に照らしてみて、私はなんとキリストの御愛に背《そむ》きまつった人間だろうか。そう思うと、もう絶望しかありませんでした。しかし、こんな悪い奴《やつ》をも、なお愛してくださる神の御愛に感激《かんげき》せずにおられなかった。そんな意味において、パウロの経験と変わらないと自分では思う。皆さんもそうでしょう。同様の経験だと思います。

天使たちがもっている生命《いのち》

わたしたちがまだ弱かったころ、キリストは、時いたって、不信心な者たちのために死んで下さったのである。正しい人のために死ぬ者は、ほとんどいないであろう。善人《ぜんにん》のためには、進んで死ぬ者もあるいはいるであろう。しかし、まだ罪人であった時、わたしたちのためにキリストが死んで下さったことによって、神はわたしたちに対する愛を示されたのである。

（五章六～八節）

「わたしたちがまだ弱かったころ」というのは、信仰的に弱かったということでしょう。その時に、「キリストは不信心な者たちのために死んでくださったのである」。

世の中に、義人のために死ぬ者はほとんどいない。善人《ぜんにん》のためには、「進んで」というのは「あえて～する」という字です。あえて死ぬ者もあるいはあるだろう。

日本では、昔から死ぬことは平気でしたから、そういうことはあったものです。しかし、ユダヤ人は命を惜《お》しむ民族です。命は神様が下さった大事なものだから、そんなに簡単《かんたん》に死んだりはしないんです。

この八節の終わりに重大な言葉があります、

「わたしたちのためにキリストが死なれたことによって、神はわたしたちに対する愛を示された」と。ただ「愛を示された」と訳《やく》されてありますが、原文にある「εαυτου αγαπην《ヘアウトゥー アガペーン》 ご自身の愛」という重大な言葉が抜《ぬ》けています。これは大きな訳し落としです。「神はご自身の愛を示された」と訳すべきです。

自分は罪人であって、こんなにろくでなしだと思っているのに、そんな者をも愛して、命を捨《す》てたもうたおかたがあった！（体をバンバン叩《たた》きながら）

それがキリストである。これが神の愛である！

神の愛は、キリストの十字架を見たらよくわかる。それは命（プシュケー）を捨てる愛でした。

生命《いのち》（ゾーエー）を注ぐ愛でした。この愛に触《ふ》れて、不思議な変化が皆の心に起きるんです。

＊ギリシア語で「プシュケー（命）」は肉体的な命を、「ゾーエー（生命）」は永遠の命を意味している。

神も仏もあるものかと捨《す》て鉢《ばち》になり、真っ暗な気持ちでこの世のゴミにまみれて生きておった者に、急に心ときめくようなコンバージョン（回心）が起きる。なぜか。それは、聖霊によって神の愛が私たちの心に注《そそ》ぎ込《こ》むからです。冷たく死んだような心に、神の愛が一滴《いってき》でも注がれてくると、もう胸《むね》が高鳴るように起き上がろうとする気持ちが湧《わ》いてくる。

パウロが、

「たといまた、わたしが自分の全財産を人に施《ほどこ》しても、また、自分のからだを焼かれるために渡《わた》しても、もし愛がなければ、いっさいは無益である」（コリント前書一三章三節）と言う時に、その愛はどんな愛か。

天の生命を、天使たちがもっている生命を、愛というんです。

これは今のキリスト教が知っていることと全然違《ちが》うんです。

だから彼らには、ロマ書のこんな箇所《かしょ》が読めない。わからんから、いろいろ都合がいいように説く。

そうじゃない。この「愛」という神の生命が、私たちの心に流れ込んできて救われるんです。

『トリノの母』

昨日、テレビで『トリノの母』というイタリアのテレビ劇《げき》を観《み》ておりました。

それは、アパートの五階か、六階から少年が落ちたという物語です。母親がかろうじて少年の両手を摑《つか》んで引き上げようとする。だが金網《かなあみ》が引っかかって、どうしても救いえない。

「さあロープを持ってこい、何を持ってこい」と言って、周りの者は騒《さわ》ぎ立《た》てる。

母親はもう手がちぎれそうであって、これ以上は我慢《がまん》ができぬ。必死にわが子を助けようとして母親が苦しむ姿《すがた》を見ると、その子供《こども》は、

「お母さん、手を放《はな》していいよ。木の葉がゆらゆら落ちるように、ボクはあんなふうに落ちるから大丈夫《だいじょうぶ》だよ」と言う。けれども、母親はちぎれそうになる手を握《にぎ》って、放せるわけがない。

ところが、一人の青年が危《あぶ》ない芸当をして、上から助けようとします。まかり間違《まちが》ったら三人とも命を落とすような大変な状況《じょうきょう》。たくさんの人が手に汗《あせ》握るようにして下から見ている。

そんな中、一身を犠牲《ぎせい》にする覚悟《かくご》で身を躍《おど》らせて、その青年が助けた。

そうしたら、母親は救われた子供を無我夢中で抱《だ》きしめるだけ。礼を言うことも忘《わす》れている。

また大変な冒険《ぼうけん》をやって、無事に助けたけれども、喉《のど》が渇《かわ》いて水ばかり飲んでいる青年。

そこで、「やあ、ありがとうございました」と言ったら、それは普通の映画《えいが》でしょうけれども、「ありがとう」のひと言もない。その青年も、子供《こども》を救いえた母親の感動を邪魔《じゃま》しないようにと思ってか、そのまま触《ふ》れようとしない。親子が抱《だ》き合《あ》ったそのまま終わる、という映画です。

愛というのは、そういうものです、人間の愛でもですよ。

ましてや神の愛は、全然質の違《ちが》ったもっと大きなものです。これを私たちは忘《わす》れてはならぬ。パウロは神に刃向《はむ》かったような敵だったんですから、もうどんなにどやされ、懲《こ》らしめられてもしかたがないような者です。しかし、神の愛は怒《いか》りにも勝《まさ》るものだった。怒るとすれば、それは愛すればこそであって、その御愛がパウロを救いました。何のおとがめもなく救われたパウロの感激《かんげき》はいかばかりだったでしょう。

こういうことは、だんだん信仰が進歩してついに神の愛を知り、そして愛の人になるというような、段階的《だんかいてき》なことではないんです。いっぺんに始まりだすことです。そして、だんだん愛が深くなってゆくんです。

十字架の血にある贖《あがな》い

わたしたちは、キリストの血によって今は義とされているのだから、なおさら、彼によっ

て神の怒《いか》りから救われるであろう。　**（五章九節）**

第七講で詳《くわ》しく読みましたが、ロマ書三章二四、二五節に、

「彼らは、価《あたい》なしに、神の恵みにより、キリスト・イエスにあるあがないによって義とされるのである。神はこのキリストを立てて、その血にある信仰によるあがないの供《そな》え物《もの》となされた」(直訳《ちょくやく》)とあります。

「あがないの供え物」とは「ιλαστηριον《ヒラステーリオン》　贖罪所《しょくざいしょ》」のことです。イスラエルの大祭司が年に一度、犠牲《ぎせい》の血を携《たずさ》えて至《し》聖所《せいじょ》に入り、その血を注ぐ所です。キリストは霊の大祭司として、十字架上にご自身を屠《ほふ》って血を流し、聖なる贖《あがな》いをなさった。

この十字架が、なぜ贖いの根拠《こんきょ》となるか。

それは、キリストが贖いの供え物としてご自分の血を流し、その血をもって贖罪所を覆《おお》いたもうたということが、義とせられる根拠です。これは旧約聖書の伝統的な贖罪観念です。

この旧約の発展《はってん》として、その血を、その御霊《みたま》を受けることによって、私たちは罪を赦《ゆる》され、義とせられるんです。これは今の西洋の神学の代罰説《だいばつせつ》とは全く違《ちが》います。ですから、

「なおさら、神の怒りから救われるであろう」というのも、ユダヤ教徒だったらよくわかること

なんです。毎年一回、贖罪所《しょくざいしょ》においてそういう儀式《ぎしき》をしまして、贖《あがな》いの供《そな》え物《もの》を献《ささ》げていたからです。新約的に言うなら、キリストご自身が犠牲《ぎせい》の血を注ぐために、十字架に屠《ほふ》られたもうたことをいうんです。その血によって、その御聖霊《おんみたま》によって、私たちは救われた。動物の犠牲の血によって罪が赦《ゆる》されるとすれば、なおさらキリストの血による贖いを受けた者は、神の怒《いか》りから救われるであろう、ということですね。

自分の信仰経験に照らして

もし、わたしたちが敵であった時でさえ、御子《みこ》の死によって神との和解を受けたとすれば、和解を受けている今は、なおさら、彼のいのちによって救われるであろう。（五章一〇節）

これはどういうことを言っているかというと、神様はもうすでに人々の罪を赦しておいでになる。また当然怒られるべき者に対しても、神様はご自身で血を注いで、そして救おうとして和解の用意をしておられる。

私たちが、「ああ神様の御心《みこころ》はそうだったのか」といってわかるより前に、神様のほうが一方的に先手を打って、悔《く》い改《あらた》めて帰ってくることを待っておられるんですから、救われないことがあるか。救われるということは単に義とされることでない、神の生命《いのち》が与《あた》えられることです。すなわち、十字架に注がれた血が与えられることによって救われる。

そればかりではなく、わたしたちは、今や和解を得させて下さったわたしたちの主イエス・キリストによって、神を喜ぶのである。（五章一一節）

この一句一句を、ご自分の信仰経験に照らしてお考えになると、よくわかります。または、あの人があの時こうだった、ほんとうに喜びなさったなあ。あの時あんなに悩《なや》みにも耐《た》えて、神への信仰を信《しん》じ抜《ぬ》きなさったなあといった、いろいろな情景が目に浮《う》かぶじゃないですか。

こうしてロマ書五章を読んできてわかるのは、信仰によって神に義とされるということは、主イエス・キリストによって神に対して平和をもっていることである。平和をもっているということは、神様に一層《いっそう》お近づきを得ていることである。恵みの状況《じょうきょう》に立っていることである。神様と共にあることを喜び、心躍《おど》るようにして栄光の希望に生きていることである、ということです。

ひとりの魂を鍛《きた》え上《あ》げるために

ところで、竹下仁平《じんぺい》君、門脇誠治《かどわきせいじ》君、信仰によって義とせられて神との平和を回復した、平和に入れられた、その経験について、ひと言、話してください。誰《だれ》かのことでもよいです、「こんなことがありました」と。または自分のことでもよい。

門脇　去年、ある人が悩《なや》み事《ごと》があって来られました。私はその時に、「聖霊が注がれたなら、そのような悲惨《ひさん》な状況《じょうきょう》からきっと贖《あがな》われる」と申しました。二回目の集会で、そのかたが聖霊を注がれ泣《な》き濡《ぬ》れて、「今までは教会にいましたけれども、こんなに喜ばしい経験に入ったことは初めてです」と喜ばれました。その借財の問題も解決されて、どんどん商売が繁盛《はんじょう》して忙《いそが》しくてたまらないと言って、毎集会、来られます。ほんとうに神様との平和を回復したことを喜んでおられます。

手島　さあ、そんなことじゃよくわからん。

門脇君、竹下君、君たちは知ってるじゃないか。熊本《くまもと》に君たちがおった頃《ころ》、私はあることでこの竹下君を叱《しか》りました。まあ普通の人だったら、叱るほどのことではありません。しかしながら、君は伝道者たるべき者である。なんというケチな、肉的な了見《りょうけん》でおるかと言って、謹慎《きんしん》を命じたことがあります。それも盲腸《もうちょう》を切るひどい手術をした後でした。

私は君の謹慎を解きませんでした。しかし、その時に私の許《もと》に詫《わ》びに来たのは門脇君でした。「先生、この若《わか》い兄弟を許してください」と。

「そうか、それなら許すことにしよう。そのかわりに、ただじゃ許さん」

竹下君は盲腸《もうちょう》を手術したばかりの身体《からだ》でしたのに、

「君、無銭徒歩伝道旅行に行け。しかも、ただ行くのではいかん。九州の屋根伝いに、阿蘇《あそ》から九重山《くじゅうさん》、さらに『恩讐《おんしゅう》の彼方《かなた》に』で有名な大分《おおいた》県の耶馬渓《やばけい》にある青の洞門《どうもん》を通って行け。なお山口県の秋吉台《あきよしだい》に、昔、本間俊平《しゅんぺい》という先生がおられたが、その先生の跡《あと》を尋《たず》ねて、島根県の出雲《いずも》まで行け」と、難題《なんだい》をふっかけたことがあります。

あなたがたは、「ハイ」と言って、直ちにお行きになりました。しかし、ひとたびキリストだけに頼《たよ》って生きはじめた竹下君は、至《いた》るところで祈ると奇跡《きせき》が続出しました。それを見て門脇君はたまげました。

「私は神学校を出て十年も伝道したけれど、とても竹下君にはかないません。先生、竹下君は偉《えら》い、竹下君は偉い」と言って、一カ月後に熊本に帰ってきた時のことを、私はいまだに忘《わす》れません。神との平和を得るということは、そういうことです。神を目の当たりに間近に生きておる時の喜びというのは、どんなに驚《おどろ》くべきことであるか。

キリストの御国《みくに》のために生きる魂を鍛《きた》え上《あ》げるということ、伝道者を作り上げるということは、理屈《りくつ》ではいかんのです。ひどい難題をふっかけたものでした。

　しかしながら君は、患難《かんなん》は忍耐《にんたい》を、忍耐は錬達《れんたつ》を生み出し、ほんとうに希望の人となられました。今の竹下君を見ると、ああ尊《とうと》いおかただなと思って、私はいつも胸《むね》の中で手を合わせております。

人間、一度覚悟《かくご》すると

　竹下君、これは私がしたんじゃない。神の愛が君を励《はげ》ましたんです。聖霊によって神の愛が君の心に注ぎ出す時に、君はほんとうに変わりました。人間、一度覚悟すると違《ちが》いますね。それを見た門脇君は驚《おどろ》きました。

「自分も竹下君のようになりたいなあ。先生、あんなになるにはどうしたらよいでしょうか」

無銭徒歩伝道より帰還（左から門脇さん、竹下さん）

「君は僕《ぼく》の所でしばらく学べ」

「竹下君が京都に行ったように、私もどこかに行きたいです」

「そうか、そんなら君、沖縄《おきなわ》に行きなさい。しかし君の信仰は教理的で、ホーリネス流の考える信仰だ。それじゃどれだけやってもだめだ。無茶苦茶になって、真《ま》っ裸《ぱだか》になって、『神様！』と雄叫《おたけ》びして祈り、神と一つに生きるということをしなければだめだ。君の祈りを聞いておったら、『神様、私は罪深い者でありました。そして、こうこうこうでありました。……でありまするけれども……』と言って、考えてしか言わない。感話を述べさせたって、考え考えてしか話さん。考えて語っておる間は、魂の底からほとばしるような感動を人に与《あた》えない。君の根本的な信仰の弱点はそれだ。もちろん君の人柄《ひとがら》は立派《りっぱ》です。知っています。しかし、なぜ神にある自分をほんとうに発揮《はっき》できなかったかということです」

門脇君はその時、真剣《しんけん》にお学びでした。そして沖縄に行く時になって、奥さんの和子さんが一緒《いっしょ》について行くと言うから、

「だめだ、修行《しゅぎょう》時代に女房《にょうぼう》を連れていってどうするか。むしろ妻君が足を引っぱって伝道を失敗させるぞ。連れてゆくな」と言いました。それで独りで沖縄に行かれた。

「和子さん、今生《こんじょう》の別れだ」と言って、私と二人で熊本駅まで見送りに行きました。

「先生、もうこの世では門脇に会えないのでしょうか」と和子さんが言うから、

「たぶんね」

「ああー」と言って彼女は泣きました。

しかし人間は一度覚悟《かくご》すると、また新しい境地が開けるものです。その後の和子さんは、ほんとうに立派《りっぱ》にお変わりになりました。やがて彼女はご主人を助けるために沖縄に行かれ、そして伝道者の夫人として、尊《とうと》くお働きでした。こうして沖縄幕屋の基礎《きそ》が築かれました。

体験の書として読む

患難《かんなん》が忍耐《にんたい》を生じ、忍耐が錬達《れんたつ》を生じ、錬達が希望を生ずるといったようなことは、神学論《しんがくろん》じゃない。神の愛というのは、身をもって体験できるものなんです。

ギリシア語で「愛」を意味するアガペーとエロースの違《ちが》いとか、またはヘブライ語でヘセドとアヘブという愛。この文字の意味がどう違うかというようなことではないんです。もちろん、神の一方的な約束に対する愛をヘセド（慈《いつく》しみ）といい、神様が無条件に愛されるアヘブという語があります。しかし、文字の詮索《せんさく》をどれだけしたって信仰は出てきません。

今の立派な門脇君を、また竹下君を見ると、キリストはどのように君たちをお導きになったかということを思います。門脇君は酷寒《こっかん》のシベリアで抑留《よくりゅう》生活をして指を切断し、拷問《ごうもん》にかけられ、やっと日本に帰ってきました。肺病《はいびょう》になって、肋骨《ろっこつ》を何本も取った弱い身体《からだ》でした。やがてイスラエルのキブツ・ヘフチバに留学生として行かれました。Z君のような頑強《がんきょう》な身体の人が働くのは当たり前ですけれども、それに劣《おと》らず、いや、優《まさ》る立派《りっぱ》なお働きでした。伝道においても、そうでした。誰《だれ》もが驚《おどろ》くことです。こういう超人的《ちょうじんてき》な生命《いのち》が、門脇君に湧《わ》き出《だ》したんです。聖霊によって神の愛が私たちの心に注がれるという経験は、議論《ぎろん》のことではありません。皆さんも患難《かんなん》にぶつかって、そのような経験に潤《うるお》されなさることを、私は願います。

最後にもう一度言います。

いちばん大事なのは、聖霊によって神の愛が私たちの心にドクドクと注《そそ》ぎ込《こ》んでくることです。このことを実際に照らして、自分もそうだった、またあの人はあんなだったねえ、あの奥さんはこんなだった、といって聖書をお読みになりますと、聖書は躍如《やくじょ》として迫《せま》ってきます。ロマ書を体験抜《ぬ》きに読んだって、これはわかるものでないんです。どうぞ体験の書として読まれるときに、ほんとうにご自分のものとなります。宗教改革者《かいかくしゃ》ルーテルは、ロマ書をわが書と呼《よ》んだといいます。内村鑑三《かんぞう》先生もわが書と言ってロマ書を愛読しました。

ロマ書は難《むずか》しい、と教会の牧師さんたちは言います。それは、体験を欠いでいるから難しいんです。体験のある者には、ああパウロもそうだったのかと、涙《なみだ》がこぼれるような共鳴を呼びます。

（一九六八年五月二十九日　②）

〔第一一講　ロマ書五章一二〜二一節〕

12このようなわけで、ひとりの人によって、罪がこの世にはいり、また罪によって死がはいってきたように、こうして、すべての人が罪を犯《おか》したので、死が全人類にはいり込《こ》んだのである。

13というのは、律法《りっぽう》以前にも罪は世にあったが、律法がなければ、罪は罪として認《みと》められないのである。14しかし、アダムからモーセまでの間においても、アダムの違反《いはん》と同じような罪を犯さなかった者も、死の支配を免《まぬか》れなかった。このアダムは、きたるべき者の型である。

15しかし、恵みの賜物《たまもの》は罪過の場合とは異《こと》なっている。すなわち、もしひとりの罪過のために多くの人が死んだとすれば、まして、神の恵みと、ひとりの人イエス・キリストの恵みによる賜物とは、さらに豊かに多くの人々に満ちあふれたはずではないか。16かつ、この賜物は、ひとりの犯した罪の結果とは異なっている。なぜなら、さばきの場合は、ひとりの罪過から、罪に定めることになったが、恵みの場合には、多くの人の罪過から、義とする結果になるからである。17もし、ひとりの罪過によって、そのひと

りをとおして死が支配するに至《いた》ったとすれば、まして、あふれるばかりの恵みと義の賜《たま》
物《もの》とを受けている者たちは、ひとりのイエス・キリストをとおし、いのちにあって、さ
らに力強く支配するはずではないか。
18このようなわけで、ひとりの罪過によってすべての人が罪に定められたように、ひ
とりの義なる行為《こうい》によって、いのちを得させる義がすべての人に及《およ》ぶのである。19すな
わち、ひとりの人の不《ふ》従順《じゅうじゅん》によって、多くの人が罪人とされたと同じように、ひとり
の従順によって、多くの人が義人とされるのである。20律法《りっぽう》がはいり込《こ》んできたのは、
罪過の増し加わるためである。しかし、罪の増し加わったところには、恵みもますます
満ちあふれた。21それは、罪が死によって支配するに至ったように、恵みもまた義によ
って支配し、わたしたちの主イエス・キリストにより、永遠のいのちを得させるためで
ある。

第一一講

キリスト族の発生　ロマ書五章一二〜二一節

このようなわけで、ひとりの人によって、罪がこの世にはいり、また罪によって死がはいってきたように、こうして、すべての人が罪を犯《おか》したので、死が全人類にはいり込《こ》んだのである。

（五章一二節）

五章の前半で、聖霊によって注がれる神の愛を説いたパウロが、ここで急に、「一人の人から罪がこの世にはいり、死が全人類にはいり込んでしまった」という、突飛《とっぴ》な書き出しで五章の後半を始めております。

この箇所《かしょ》について、宗教改革者《かいかくしゃ》のルーテルは、「パウロはすぐ横道にそれる」などと言い、多くの神学者たちも同様の感をもっています。しかしながら、ここは決して横道ではない。これこそ、パウロが根本的にキリストによる罪の贖《あがな》いということを言おうとしておるゆえんなのです。

スウェーデンの神学者ニグレンは、この五章一二〜二一節について、

「この短い聖句の中に、ロマ書の問題全部が一つに集められている。……私たちはここで、ロマ書の頂点《ちょうてん》に来るのである」とまで言っております。私もそう思います。

ここで「ひとりの人」とあるのは、創世記《そうせいき》に出てくる人類の始祖アダムのことです。一般のキリスト教会では、このアダムとその妻エバが神の掟《おきて》に背《そむ》いて罪を犯《おか》したから、それで背くことが習慣となり子孫に遺伝《いでん》したのだ、というように原罪《げんざい》を説きます。

しかしパウロは、もっと深く重大な意味を説こうとしています。

人間がほんとうに罪から救われるということは、どういうことなのか。

パウロがここで言っているのは、ただ教会に行って罪の告白をし、洗礼《せんれい》を受け、イエス・キリストの十字架を信じたら救われる、というような簡単《かんたん》なことではありません。

「死」が罪を生む

一二節の、「死が全人類にはいり込《こ》んだ」の「διερχομαι《ディエルコマイ》　はいり込む」は、「はいってきて浸《し》み透《とお》りまわる、全部に行《ゆ》き渡《わた》る」という語です。一滴《いってき》の毒が体じゅうに回ったら、コロッと死

にます。そういう意味で、一人の人から「すべての人に死が浸《し》み渡《わた》った」と言うんです。死が全人類の運命になってしまった。

この死は、ただ生物学的な意味で人間が死ぬということではありません。

人間の本質は魂にあります。魂は永遠に生きるものです。

しかし、悪魔《あくま》的《てき》な死の力がやって来る時に、その大事な魂もすっかり腐《くさ》って、役に立たないぐらいに殺されてしまう。それは、一人のアダムから始まった。伝染病《でんせんびょう》の恐《おそ》ろしさは、一人がコレラにかかったならば、皆に蔓延《まんえん》することです。この一人というのは、放《ほう》っておいてよい一人ではありません。

せっかくエデンの園《その》で幸福だったアダム。神に信じ、神に従《したが》って生きておったのに、彼の中に神に背《そむ》くもの、すなわち「死」の使いである罪が臨《のぞ》んだ時に、彼は神と共にある楽園を失ってしまった。この「死」によって、全人類が罪を犯《おか》すようになってしまった。

冒頭《ぼうとう》に掲《かか》げた五章一二節後半の日本語訳《やく》では、

「すべての人が罪を犯したので、死が全人類にはいり込《こ》んだのである」となっていますが、ギリシア語の原文で読んでみるとそうじゃない。「死が全人類にはいり込んだ」という言葉の後に、「εφ'《エフ》 ω《ホー》 このことのゆえに」という語があります。この語を入れて直訳すれば、

「死が全人類に行《ゆ》き渡《わた》った、このことのゆえに、すべての人が罪を犯《おか》した」となります。

わかりやすく言うならば、魂の息の根を止めるような死毒が入ってきて、全人類に行き渡ったから、その後の人類はあがいて罪を犯すのだ、ということです。こういうところを読んでみると、パウロの「死」に対する考えは、ずいぶん違《ちが》うことがわかります。

従来《じゅうらい》のキリスト教の考え方では、「罪」が死を生むと思っていますが、そうではありません。「死」が罪を生むんです。

コリント前書の一五章五五、五六節にも、

楽園を追われるアダムとエバ

「死よ、なんじの勝《かち》は何処《いずこ》にかある。死よ、なんじの刺《はり》は何処にかある。死の刺は罪なり」と書いてあります。死の刺が罪なんです。死が王様なのであって、死という魔王《まおう》の武器が罪なんです。蜂《はち》でもサソリでも、尻尾《しっぽ》の針で刺します。その時に、針が問題なのではなく、針を通して入ってくる死毒が人を殺します。
ギリシア語で「ο θανατος《ホサナトス》 死」という霊的な

実在、悪魔《あくま》の悪魔、人間の最後の敵ともいうべきものを、パウロは「死」と呼《よ》んでいる。私たちが恐《おそ》れおののいて「ああ、死にたくない」などと言うのはなぜかというと、この「死」の恐怖《きょうふ》を感じるからです。絶えず人間の生命を脅《おびや》かしているものを「死」といいます。

ミルトンの『楽園回復』

パウロの考え方からするならば、私たちが戦うべきところの最も恐ろしい魔王は「死」です。この死を根本的に打《う》ち滅《ほろ》ぼして解決するようなことが起きない限り、罪はどこまでも人間に及《およ》ぶ。死といい、罪といい、もっと実存的《じつぞんてき》なことです。

この罪の問題の根本的な解決を説いた人に、十七世紀のイギリスの詩人ジョン・ミルトンがいます。ミルトンはイギリスの清教徒革命《かくめい》に参加し、自由と民主制のために戦いました。その後失明し、詩作に没頭《ぼっとう》した人です。今の人々は信仰を道徳的なこととしていますが、彼のピューリタニズム(清教主義)の信仰は実存的なもので、彼はロマ書のこの箇所《かしょ》を重要視《じゅうようし》しました。

ミルトンはまず、一人の人(アダム)の神への不従順《ふじゅうじゅん》によってエデンの園《その》が失われたことについて、『Paradise Lost《パラダイスロスト》(楽園喪失《そうしつ》)』という詩を書きました。さらに、神に対して全《まった》き従順な一人の人(イエス・キリスト)が、悪魔のすべての試みに打ち勝つことによって、荒《あ》らされたエデンの園《その》をもう一度回復することが始まったという、有名な『Paradise《パラダイス》 Regained《リゲインド》（楽園回復）』という詩を死ぬ前に書いております。

ミルトンが言おうとするところは、楽園をどうやって回復しうるかというならば、それはイエス・キリストによってである、ということです。

第二のアダムなるキリスト

イエス・キリストが出現する前に、洗礼者《せんれいしゃ》ヨハネがまず叫《さけ》んで言いました、「悔《く》い改《あらた》めよ、天国は近づいた」（マタイ伝三章二節）と。ヨルダン川において、この洗礼者ヨハネからイエス・キリストがバプテスマ（洗礼）を受けられると、聖霊が鳩《はと》のように天から降《くだ》りました。この聖霊がキリストに入《はい》り込《こ》んでくることによって、人類に救いが始まった。罪はアダムを通して始まったけれども、神の救いは聖霊の降臨《こうりん》によって始まった。

一人のアダムによって現人類が存在《そんざい》しているように、聖霊に満たされた人イエス・キリストの発生は、単なる一個人の発生ではない。そこには宇宙的《うちゅうてき》な意味がある。ミルトンはそのことを言おうとしています。この点、ミルトンの思想は私の考えと同じです。

これは素晴《すば》らしい霊的な詩です。今のクリスチャンは見失ってしまっているが、十七世紀のミルトンたちがもっておった信仰です。こういう良い信仰は、私たちが回復せねばならぬものだと思います。

というのは、律法《りっぽう》以前にも罪は世にあったが、律法がなければ、罪は罪として認《みと》められないのである。しかし、アダムからモーセまでの間においても、アダムの違反《いはん》と同じような罪を犯《おか》さなかった者も、死の支配を免《まぬか》れなかった。このアダムは、きたるべき者の型である。

（五章一三、一四節）

ここで、死が「支配する」というのは、「βασιλευω《バシレウオー》 君臨《くんりん》する、王となる」という意味です。死という魔王《まおう》・サタンは、罪というものを通して、アダムすなわち現人類を支配しておる。人間は、その死の支配を免れることができない。

それに対して、一四節の最後に、

「このアダムは来たるべき者の型《タイプ》である」とある。これは大事な言葉です。「来たるべき者」というのは、メシア（救世主）のことです。

来たるべき世界、来たるべき世紀、来たるべきアダムが発生する時が来る。

古いアダムに対して、新しいアダムなるイエス・キリストという新人類の初穂《はつほ》が生まれる。そのことによって、今までとは全く違《ちが》う新しい人類が生まれてくることを言おうとする。それでパウロは、コリント前書一五章四七節で、「第一の人は地から出て土に属し、第二の人は天から来る」と言って、イエス・キリストを「第二のアダム」と呼《よ》んでいます。質的に新しい人類が生まれてくるということです。

カリスマ的人類の発生

しかし、恵みの賜物《たまもの》は罪過の場合とは異《こと》なっている。すなわち、もしひとりの罪過のために多くの人が死んだとすれば、まして、神の恵みと、ひとりの人イエス・キリストの恵みによる賜物とは、さらに豊かに多くの人々に満ちあふれたはずではないか。かつ、この賜物は、ひとりの犯《おか》した罪の結果とは異なっている。なぜなら、さばきの場合は、ひとりの罪過から、罪に定めることになったが、恵みの場合には、多くの人の罪過から、義とする結果になるからである。
（五章一五、一六節）

アダムは罪を作り、罪を犯しっぱなしでした。だがイエス・キリストは、罪を犯した人類の尻《しり》拭《ぬぐ》いをし、罪の潔《きよ》めをするだけではない。さらに、積極的な神の霊の賜物《たまもの》（カリスマ）までも与《あた》えて、失われた神の子としての人間性を回復してゆく、ということをここで言っています。すなわち、多くの恵みのカリスマ（神の賜物）に溢《あふ》れた人類が、イエス・キリストを初めとして、次々に生まれてくるということです。

生物学でもそうです。いろいろな交配をして新品種を作りましたら、その新品種を固定してゆくことによって新しい生物となる。だから現代流に言えば、パウロは、イエス・キリストを一つのミューテーション（突然変異《とつぜんへんい》）として考えているんです。新しいタイプの一人の人の発生が、多くの新しい人類を作りはじめる。

これは、信仰のリバイバルが起きる時には、いつも理解できることです。しかしながら、聖霊の働きが衰《おとろ》えてくると、もうこういうようなことが考えられなくなります。

原始福音運動の使命

ミルトンは、一六五二年頃《ごろ》に両眼《りょうめ》を失明しております。一六五八年に『Paradise Lost《パラダイス　ロスト》（楽園喪失《そうしつ》）』の執筆《しっぴつ》に着手し、十年ほどかけて五十八歳《さい》の時にこれを出版しました。

その後、『Paradise Regained《パラダイス　リゲインド》（楽園回復）』を三、四年かけて書き、一六七一年に出版しました。

ミルトンが、この『Paradise Regained（楽園回復）』を書いた時代は、イギリスに伝染病《でんせんびょう》が蔓《まん》延《えん》して、人々が次々と死んでゆく悲惨《ひさん》な状況《じょうきょう》でした。ところが、伝染病というのは妙《みょう》なもので、多くの人がバタバタと死んでゆき、もう手がつけられないぐらいに病気が蔓延しますと、ある時、スーッと収《おさ》まってくる。人間の内に免疫抗体《めんえきこうたい》というものができるからでしょうか、さしもの猛威《もうい》をふるった伝染病の進行が衰《おとろ》えてくる。

そのように伝染病が終息してゆくのを知って、現在の人類はこんなに罪に染《そ》まっているけれども、また時が来たら癒《い》やされることが始まるのだ、とミルトンは感じたのかもしれません。『Paradise Regained』は、その伝染病が収まった後から書きだしたといわれています。

私も今の日本の状況を見ますと、たまらない気持ちがいたします。先の戦争に敗れただけならまだよい。道徳が、精神がすっかり乱《みだ》れ、世の中全体が物質主義になってしまいました。皆が官能的になってしまって、まるで肉欲《にくよく》の奴隷《どれい》です。こういう人たちを東京で見ていると、もう見込《みこ》みがないなあ、日本人は、などと思わんでもないです。

しかしミルトンではないが、何か血清療法《りょうほう》のように、キリストの血が動き出すようなことがあったら、またこの歴史は救われると思うんです。

ここに私たち原始福音運動の大きな使命があります。

悪の力がいよいよ増し加わり、純真《じゅんしん》な信仰すらも破壊《はかい》しようとする時に、ただ傍観《ぼうかん》しておったらいけません。キリストの聖霊が注がれた民《たみ》として、もっと活発に動き出す運動が起こらなければ、大変なことになる。どうか今夏の箱根聖会を機に、私たちが全国に叫《さけ》びを上げようじゃないですか(アーメン)。

神の義が結ぶ賜物《たまもの》

もし、ひとりの罪過によって、そのひとりをとおして死が支配するに至《いた》ったとすれば、まして、あふれるばかりの恵みと義の賜物とを受けている者たちは、ひとりのイエス・キリストをとおし、いのちにあって、さらに力強く支配するはずではないか。　(五章一七節)

パウロは根本的なことを強調して、同じことをずっと言いつづけます。死が「支配する」というのは、「君臨《くんりん》する」という意味ですから、文語訳《ぶんごやく》の聖書は「王となる」と訳していました。「溢《あふ》れるばかりの恵みと義の賜物」というのは、カリスマ的な神の義が結ぶ賜物で、これを「受けている者たち」というのは私たちのことです。

一人のアダムの罪過を通して「死」が人間の王様になったとすれば、溢れるばかりの恵みと神の義が結ぶ賜物《たまもの》を受けている私たちは、一人のイエス・キリストを通して、永遠の生命《いのち》において、さらに力強く神に支配されるはずではないか。

しかし、この義の力を、賜物の力を、私たちが十分に生かしているかというと、パウロが言っているように十分ではありません。

先の大戦後、この日本において、神様が私たちの一群に為《な》しはじめたもうたことは驚《おどろ》くべきことであって、もっと本気になってこの神の御業《みわざ》を進めなければなりません。これは宇宙《うちゅうてき》的な意味をもっております。キリスト・イエスは単なる一個の英雄《えいゆう》とか、偉人《いじん》ではない。聖人ではない。パウロ流に言うならば、宇宙的な地位を占《し》めるところの来たるべき者、メシアであるということです。

キリストの全《まった》き従順《じゅうじゅん》によって

このようなわけで、ひとりの罪過によってすべての人が罪に定められたように、ひとりの義なる行為《こうい》によって、いのちを得させる義がすべての人に及《およ》ぶのである。すなわち、ひとりの人の不従順によって、多くの人が罪人とされたと同じように、ひとりの従順によって、多くの人が義人とされるのである。

（五章一八、一九節）

従順《じゅうじゅん》という言葉は、神の御霊《みたま》の導きに、御霊のささやきに従順であることをいうんです。律法的《りっぽうてき》な従順ではない。神の霊に従《したが》う従順です。イエス・キリストの発生によって、神に従順に従う多くの義人が生まれてくる。

イエス・キリストは、ヨルダン川で聖霊を受けられたら、すぐに悪魔《あくま》に試みられるために荒野《あらの》に行かれました。しかしながら、悪魔の試みというものは、この時だけで終わったのではない。イエス・キリストは十字架の死に至《いた》るまで、悪魔と戦われた。

イエスが、ご自分の運命は十字架につけられて殺されることであると告げられた時、弟子《でし》の筆頭だったペテロは、「主よ、とんでもないことです。そんなことがあるはずはございません」と言いました。するとイエスは、「サタンよ、退け！」とお叱《しか》りになっている。（マタイ伝一六章二一～二三節）

そのように、イエス・キリストはいつもサタンの試みの中にあられた。このことは、マタイ伝でもルカ伝でも、共観福音書はすべて記しています。

しかしイエス・キリストは、サタンに決して負けなかった。

なぜ負けなかったかというと、神に従順であったからです。

すなわち聖なる霊の導きに対して、イエスは全く従順であった。これが信仰です。それだから信仰は、しばしば神への従順《じゅうじゅん》という言葉に置《お》き換《か》えられております。

私たちは、悪魔《あくま》、すなわち死の使いに試みられて、思うままに翻弄《ほんろう》されることがあります。それは何によるのかというと、聖霊の欠如《けつじょ》からくるんです。しかしながら、イエス・キリストによってもたらされた聖霊は、罪に打ち勝つというよりも、悪魔の試みに打ち勝つ。どんなに悪魔が脅《おど》しても、決して屈《くっ》しない永遠の生命《いのち》であることを証《あか》しするんです。


律法《りっぽう》がはいり込《こ》んできたのは、罪過の増し加わるためである。しかし、罪の増し加わったところには、恵みもますます満ちあふれた。それは、罪が死によって支配するに至《いた》ったように、恵みもまた義によって支配し、わたしたちの主イエス・キリストにより、永遠のいのちを得させるためである。（五章二〇、二一節）

キリストの義の生命が私たちに臨《のぞ》むということは、ただ修養努力して立派《りっぱ》な人格になるというようなことではありません。

キリスト・イエスのような新しい人類になると、もう罪を犯《おか》さない。荒野《あらの》の試みにおいても、ゲッセマネの祈りを見ても、主イエスはサタンに従《したが》ったりせず、神に従って生き通しなさった。

そういう義なる生命《いのち》が私たちに臨《のぞ》む。ここに根本的な解決があります。

来たるべき世紀の希望

テイヤール・ド・シャルダンというフランスのカトリックの神父がおります。彼は、北京《ペキン》で古生物学の研究をした偉《えら》い学者でした。

私は、このシャルダンの思想に共鳴するところがあります。

彼は、人類は原人がそのまま発展《はってん》してきたわけではない、と言います。ジャワ原人や北京原人を見ても、現生人類とは違《ちが》う。ジャワ原人は約百万年ほど前、北京原人は約七十万年ほど前の人類だといわれますが、そういう古代人類は滅《ほろ》んでしまって、もういないんです。今の人類はまた違うんです。すなわち新しい、より高い要素が加わって進化した人類といえる。

進化するということは、全く新しいものが次から次に発生してくることなんです。むしろある方向に向かって定向進化するといいますか、より高い生命を受肉(インカーネーション)する人間があると、それにつれてまた新しい人類が出てくるというわけです。

福音書にあるように、ヨルダン川においてイエス・キリストに聖霊が鳩《はと》のごとくに降《くだ》った。それまでも、イスラエルにおいては預言者たちに神の霊が臨むということは、ギデオンやサムソンにでも、ダビデの上にでもありました。けれども、聖霊が決定的に臨《のぞ》んだのがイエス・キリストです。

これは、今の人類アダムに取って代わるような、キリスト族が今後発生することを示している。これは人類学の遺伝的《いでんてき》な意味じゃありませんよ。

イエス・キリストは、この現人類という器《うつわ》に盛《も》られるには、あまりにその生命《いのち》が大きかった。この罪の世に生きるには気の毒なほど尊《とうと》い生命でした。

しかし、やがてキリスト族というものがだんだん用意されて出てくるにつれて、キリストが人類の王となりたもう。義の生命が人類を支配する時が来る。こういう来たるべき世紀を望んで、パウロはロマ書を書いているんです。

上から降《くだ》ってくる生命

こういう根本的な救いというものを、神は着々と用意しているということを知ると、ああ私たちは神のホーリー・ヒストリー（聖なる歴史）の一細胞《さいぼう》として選ばれておるのだ、聖霊を注がれて回心したということには意味があるのだ、と思わずにはおられません。

これは、単なる自分一人の救いに止《とど》まりません。今のキリスト教は、ただ自分が救われればばいいと思っている。そうじゃないんです。福音は個人の救いであるばかりでなく、時代の救いであります。パウロは、大きい意味で救いということを考えておるということです。

フランスの哲学者《てつがくしゃ》ベルクソンは、進化の原動力は「エラン・ヴィタール（生命の跳躍《ちょうやく》）」であると言いました。けれども聖書は、キリストという、神様が用意された新しい義なる人類が発生すると言っている。その発生は下から跳躍するのではなく、むしろ上から生命《いのち》が降《くだ》ってくるんです。やがて、現人類に取って代わる、新しい人類が生まれてくる。

それはキリスト族というか、キリスト類というような新しいアダムである。

私たちは信仰によって、この新しい人間になるための義なる生命、聖なる霊を受けるんです。すなわちキリストの十字架の御血《おんち》の注ぎによって、この永遠の御霊《みたま》を受ける。ここに、神の霊がインカーネーション（受肉）するという意味がある。

＊インカーネーション（incarnation）…「受肉、化身《けしん》、権化《ごんげ》」などと訳《やく》される語。見えない神の霊が人間化、具体化することを意味し、神が人間の姿《すがた》で現れること。ここでは、神の霊が人の内に宿ることをいっている。

インカーネーションということは、人間が飛躍《ひやく》して発展《はってん》する進化の概念《がいねん》ではありません。上よりの御霊がこの卑《いや》しい者に臨《のぞ》むことです。そして変化を起こす出来事です。

私たち原始福音の信仰は、現在の教理的神学なんかを信じません。今も私たちに聖霊が受肉する、その経験です。私たちの信仰の基礎《きそ》は、受肉の神すなわち生けるキリストです。

根本的な救いを提供《ていきょう》する神

そのような意味で、私たちに聖霊がもっと激《はげ》しく臨《のぞ》むことが大事だと思うんです。

これはイエス・キリストによってもたらされたものです。キリストの名を呼《よ》ぶ時に、私たちに聖霊が降《くだ》る。そして聖霊に満たされる時に、溢《あふ》れるような恵みの賜物《たまもの》が、天的な徳が私たちに臨んできます。ただ神癒《しんゆ》とか、異言《いげん》とか、預言ぐらいじゃありません。私たちが聖霊において生きることは小さなことではない。根本的な救いが神によって用意されているということです。

「われは道なり、真《まこと》なり、生命《いのち》なり。我によらでは誰《たれ》にても父の御許《みもと》にいたる者なし」(ヨハネ伝一四章六節)とイエス・キリストは言われました。

キリストの聖霊が私たちに生命として宿る時に、それこそ真であり、また道です。

私たちが御霊《みたま》を受ける時に、キリストのお示しをビリビリ感じて、そして従《したが》ってゆくことができます。キリストが私たちと共に親しく歩んでくださるから、道なき道も歩き、神の国に至《いた》りえるのです。単なる教えではありません、キリストは救いの根本を提供してくださる。

パウロが言おうとするところはそれです。

すべてのことをキリストに学ぶ

今日、アメリカからのお客が来ていました。それで、私は楽しく歓待《かんたい》したいので、「一緒《いっしょ》にお酒を飲みませんか」と言ったら、

「私は飲まない」

「どうして？」

「自分はクリスチャンのテスティモニー（証《あか》し）として飲まない」と言うんです。

だが、そんな酒を飲まないぐらいの小さなテスティモニーがクリスチャンの証しだろうか、と私は思うんです。どうです、皆さん。そんなちっぽけなことではありません。

神からのカリスマ（賜物《たまもの》）が私たちに溢《あふ》れることが、キリストの義に救われたテスティモニーです。酒を飲むなというのは、それは律法《りっぽう》のテスティモニーですよ。イエス・キリストは酒を飲まれたじゃないか。私は教会のクリスチャンだった時は酒を飲みませんでした。

しかしながら、ほんとうに聖書を読むようになったら、一切《いっさい》のことをイエス・キリストに学ぼうとするようになった。すべてのことをです。按手《あんしゅ》することでも、無銭徒歩伝道旅行することで

も、また聖霊のバプテスマ、復活ということ、すべてキリストのオリジナル・ゴスペル（原始福音）に従《したが》おうとする。だから、そんなタバコを喫《の》まない、酒を飲まないくらいがテスティモニーだと思わない。もっと偉《えら》いことをパウロは言っているんです。

キリストの十字架の血によって私たちの内に溢《あふ》れるところのカリスマ（神の賜物《たまもの》）は、もっと偉《い》大《だい》です。

私は何もその人を攻撃《こうげき》するんじゃないんです。本当のことを言いたいんです。酒を飲まないくらいがテスティモニーのキリスト教なら、日本はそんなものじゃ救われませんよ。根本的な病を、罪を救うには、もっと全然違《ちが》う生命《いのち》が込《こ》み上《あ》げてこなければ、日本人は救われません。道徳や律法《りっぽう》によっては救われません。パウロはそのことを次の六章に説こうとします。

祈ります。

深い呼吸《こきゅう》をなさってください。イエス・キリストが十字架上に血を流して、ご自分の生命を、ご自分の霊を、多くの者に注いで、私たちにカリスマを溢れさせようとされる。キリストから与《あた》えられるところの恵みは、小さいものではありません。どうぞ溢れるように、浴びるように、このカリスマに恵まれ満たされとうございます（アーメン）。

どうか、もっと霊に燃えとうございます。
弱い肉が、怠惰《たいだ》な者が、すっかり神の子として甦《よみがえ》るほどに聖霊に満たされとうございます。古いアダムによって罪が溢《あふ》れ出《だ》したように、キリストが来られることによって、この聖霊の喜びとカリスマが溢れるという。どうぞ、そのままを私たちは体験してゆきとうございます。

（一九六八年六月十二日）

＊ジョン・ミルトン…一六〇八～一六七四年。イギリスの詩人。清教徒革命《かくめい》に参加し、護国卿《ごこくきょう》となる。革命達成後の激務《げきむ》により失明。代表作の『Paradise Lost《パラダイスロスト》（楽園喪失《そうしつ》）』は、ルネサンス期の名作といわれる。
＊テイヤール・ド・シャルダン…一八八一～一九五五年。フランスのカトリック（イエズス会）神父。古生物学者、地質学者、思想家。主著《しゅちょ》『現象としての人間』では、キリストの信仰に立つ進化論《しんかろん》を提唱し、二十世紀の思想界に大きな影響《えいきょう》を与《あた》えた。

〔第一二講　ロマ書六章一～六節〕

1では、わたしたちは、なんと言おうか。恵みが増し加わるために、罪にとどまるべ
きであろうか。2断じてそうではない。罪に対して死んだわたしたちが、どうして、な
お、その中に生きておれるだろうか。
3それとも、あなたがたは知らないのか。キリスト・イエスにあずかるバプテスマを
受けたわたしたちは、彼の死にあずかるバプテスマを受けたのである。4すなわち、わ
たしたちは、その死にあずかるバプテスマによって、彼と共に葬《ほうむ》られたのである。それ
は、キリストが父の栄光によって、死人の中からよみがえらされたように、わたしたち
もまた、新しいいのちに生きるためである。5もしわたしたちが、彼に結びついてその
死の様《さま》にひとしくなるなら、さらに、彼の復活の様にもひとしくなるであろう。
6わたしたちは、この事を知っている。わたしたちの内の古き人はキリストと共に十
字架につけられた。それは、この罪のからだが滅《ほろ》び、わたしたちがもはや、罪の奴隷《どれい》と
なることがないためである。

第一二講

罪に対する免疫抗体《めんえきこうたい》　ロマ書六章一〜六節

次のような私の一文を、『生命の光』誌《し》に載《の》せてあります。

＊

神秘《しんぴ》な実在の父に祈れ

「夏至《げし》」の頃《ころ》になると毎年、私の霊魂はおどる。一年じゅうで最も日が長いからではない。日がくれて夜おそくなっても、白い薄暮《はくぼ》がつづき、朝はやく白みゆく朝光《あさかげ》――「白夜《ベラヤノーチ》」にひたりたいからだ。北国ほど夜のとばりは神秘なふんいきで幽玄《ゆうげん》だ。これは地球を浮《う》かべている黄道光が然《しか》らしむるものだといわれている。シベリアの荒野《こうや》――西は夕やけ、東は夜あけ、鐘《かね》が鳴ります中空に――『さすらいの唄《うた》』ではないが、思うだけでも、大宇宙《だいうちゅう》に驚嘆《きょうたん》する。

太陽系《たいようけい》の宇宙だけを見ても、太陽を中心に金星、地球、火星などの星々を水平面に浮かべて走らせ、歯車も軌道《きどう》もないのに一分一秒の誤差《ごさ》もなく、一糸《いっし》乱《みだ》れず超《ちょう》スピードで大天体を運行せしめている不思議なエネルギー。一体、これは何だろうか？　デパートの屋上に宙《ちゅう》づりで走るメリーゴーランドですら、大きな鉄骨《てっこつ》の腕木《うでぎ》に支えられて回転するのに、一体、どんな大力が太陽を軸《じく》に支え、何で多くの遊星が連動して走るのか？

もし、この力を尋《たず》ねて、地球をはなれてみると、宇宙《うちゅう》は無限に沈黙《ちんもく》し何も答えないであろう。もし地球の外に百キロ以上はなれると、そこはセ氏零下《れいか》二七三度の「絶対零度」とよばれる真空で、温度も、光すらない暗黒世界なのである。真っ暗で温度すらない、というのは、太陽から光線が来ないのではなくして、その光線を反射する何ものもないから、輝《かがや》きもせず、熱量を現すこともないのである。

星と星との間の無限に虚無《きょむ》の空間——この星と星とをつなぎ無限運動をなさしめているサムシング、一体これは何か？　これは「無」にして虚無ではないのだ！　人間の目に見えずとも、「無即有《そく》」、これこそ恐《おそ》るべき隠《かく》れた実在界であり、超エネルギーの場である。

見よ！　隠れたるに在《いま》す霊の世界だ。超物質界だ。

　あらわれて目には見えねど天地《あめつち》の神の御国《みくに》は身にぞあふれぬ

祈りなき人は、神もなく暗く冷たい宇宙《うちゅう》と言うだろう。神がないのではない。神の愛と光を受けて反射する心――霊性がないから、祈ろうともせず、無明《むみょう》のままなのだ。

（一九六八年六月　『生命の光』二一三号）

＊

白夜《びゃくや》現象の神秘《しんぴ》

六月半ばの一週間前後は、最も早く夜が明け、また夜が午後十時を過ぎても白い光を放ってくれます。今日は雲が晴れて青空が見えだしたので、家の外にゴザを敷《し》いて集会をしようと思いました。昔から、いつも今頃《いまごろ》になりますと、私は野外で集会をします。それは、この神秘な雰囲気《ふんいき》に浸《ひた》りたいと思うからです。

私は少年時代に信仰をもつようになり、そして宇宙が神秘であるということを、この白夜現象を通して知ったんです。太陽系《たいようけい》宇宙は、どのようにして太陽を中心に水星、金星、地球、火星、木星、土星、天王星などといった多くの惑星《わくせい》が水平に巡《めぐ》っているのだろうか。

これは、私にとって長い間解けぬ謎《なぞ》でした。

何かが水平面に浮《う》かべている。地球と月の間でも、また星と星の間でも、万有《ばんゆう》引力があるとい

太陽系の公転図

えばそれまでですけれども、しかし、眼《め》に見えるところは何もありません。無限の虚無《きょむ》の空間だけしかない。何か不思議なエネルギーが支えているのでないならば、こういう巨大《きょだい》な物体を支えられるわけがない。

昔、学校の上級生になりますと教練がありました。その時、歩哨《ほしょう》に立てられたりします。

夜、真っ暗になりますと、何も見えません。ところが練兵場の彼方《かなた》を透《す》かして見ると、地平線は真っ暗な中でも薄明《うすあか》るい。これは一体何だろう。真っ暗なはずです。しかしながら地平線との接触点《せっしょくてん》のところだけは薄く明るいのです。じっと見ておりますと、闇夜《やみよ》でも方角がわかるんです。この光は黄道光であると、配属将校《しょうこう》が教えてくれました。

何か地球を浮《う》かべている不思議な光というか、エネルギーがあるに違《ちが》いない。

地球は公転面に対して二三・四度傾《かたむ》いておりますが、今日は最も傾いて太陽に対する時です。そういう時になると、地球を浮《う》かべているところのある光線が、こうやって白《びゃく》夜現象として現れるということでした。蒙古《もうこ》や満州の北部、また樺太《からふと》にでも行きますと、白夜が続きますね。

レニングラードからの便り

一昨日でした、川崎良一君がレニングラード（サンクトペテルブルク）から手紙をくれました。彼は、ロシアの管弦《かんげん》楽団を指揮《しき》して日本舞踊《ぶよう》を上演するためにモスクワに行ったんです。「――自分は指揮者としては全くの素人《しろうと》であるのに、こういう大任を帯びさせられて『かぐや姫《ひめ》』を演ずるということは、もう大変なことです。

出発前、先生から指揮者としてどういう心得をもつべきかということを教えてもらいましたが、それを教訓にしてやりだしています。最初の日は失敗でした。自分は無力に泣いて祈りました。しかしながら二日目、三日目となるとほんとうに成功して、三日目になった時には自分がタクトを振《ふ》るためにオーケストラ・ボックスに入ると、ロシアの管弦楽団員全員が『マエストロ　ハラショー　ハラショー（指揮者よ、素晴《すば》らしいぞ！）』と言って迎《むか》えてくれました。そして、公演は大成功でした。

今、レニングラードは夜十一時といっても明るいです。しかし、薄暗《うすぐら》いと思ったら、深夜二時になるともう朝になります」

こういって、白夜《びゃくや》を楽しんでいる模様《もよう》を書いてきました。この白夜現象は、少年時代の私に、神秘《しんぴ》というものを教えてくれました。自分はなんという不思議な世界に住んでいるか。

これだけ大きな地球が、水星が、火星が、木星が、土星が、太陽を中心にものすごいスピードで回っているなどということは、考えても考えられんことでした。しかし、何かが動かしているのだ。そのことに思《おも》い至《いた》って以来、神の御手《みて》がこの宇宙《うちゅう》を動かしているということを、私は信ずるようになったんです。

宗教は理屈《りくつ》ではありません。何か不思議な感動に心を打たれてから始まるんです。もちろん、科学でも芸術でもそうです。驚《おどろ》くことのない者に信仰はわかりません。

罪は実在する力である

これから読むロマ書六章では、パウロは罪からの救いということを論《ろん》じます。

この前に学びましたように、「私は罪を犯《おか》した」と言う時に、罪を犯すのは私です、人間です。罪を犯さずにすむのも人間です。そうすると、人間は罪を自由にできるように思う。

だがパウロは、そうは言っていない。

前講で学びましたように、蜂《はち》やサソリが針で毒を刺《さ》しますように、罪は死の針で、この針に刺されるところから罪が生まれるものだと言っております。そのように、「死」というものが人間を、魂を、どうやって殺しにかかるかというと、罪でだんだん弱めてついに殺してしまうんです。

それで、罪は人間が自由にできるようなものではないんです。

「私は罪を犯《おか》しません」などと言う人がいるが、罪の力は強いものでして、普通の人間が罪から逃《のが》れるなんていうことはできません。

たいがいの人は、罪を自由にしうると思っておる。

しかし聖書では、罪をそのようにいいかげんな弱いものとは考えていないんです。目にこそ見えないが、罪は悪魔《あくま》の手下みたいなものであって、それが私たちを捉《とら》えて不信仰の毒を打つ。恐《おそ》ろしい魔力的なものに囲まれて、誘惑《ゆうわく》されたりすると、ついに転んでしまうんです。どうしても罪に負けるのが人間です。「死」の手下である罪には、どうしてもかなわない。

悪魔はこの罪というものを注射して、私たちの良心を麻痺《まひ》させる。

罪から救われるためには、この罪の毒針をへし折ってやる以外にありません。

これがパウロの説く罪の問題なのであって、今のクリスチャンが考えている罪とは随分違《ずいぶんちが》うということです。ずっとロマ書を読んでみると、罪は実存的《じつぞんてき》なものなんです。多くの注解者の書物を見ても、ロマ書を読めていないと私は思うんです。なぜかというと、彼らは「罪は人間が犯《おか》す一つの動作」だと思っている。ところがロマ書を読んでみると、罪はありありと存在しているところのもの、実在する力です。パウロは、このような概念《がいねん》をずっと述べてきておる。こういうことをはっきりと弁《わきま》えていないと、わかりません。

信仰と行ない

パウロはロマ書五章二〇節で、
「罪の増し加わったところには、恵みもますます満ちあふれた」という、有名なことを申しました。罪がどんなに増しても、恵みもまたキリストによって溢《あふ》れてくるから、解消することができる。キリストの義はこれを救うことができるんです。

それなら、どんなに罪を犯したって救われるなら、罪を犯してもいいじゃないか、というようなことになると、これはまた聖書の大変な誤解《ごかい》です。

昔、四国から私の集会にやって来ておった人で、大北英雄《ひでお》さんという写真屋さんがおりました。

六十歳《さい》前後のかたでしたけれども、彼が徳島の結核療養所《けっかくりょうようじょ》における時に、無教会の聖書研究会があった。無教会では、

「どんなに罪を犯《おか》したって、ただ信仰によって救われる。イエス・キリストが十字架にかかって死んでくださったから、十字架を信じたら救われるのだ。行ないによっては救われない」と言う。

なるほどそうだ。ところが、

「その人たちの行為《こうい》は、ちっともクリスチャンらしくない。病院の規則は守らないし、看護婦《かんごふ》さんには反抗《はんこう》する。いちばん態度が悪いのは、その無教会クリスチャンでした。手島先生はそうでないかもしれないが、無教会キリスト教というものが私の躓《つまず》きの石です」と言うんです。

私もちょっと困《こま》りました。なるほどロマ書は「信仰による義人は生きる」と言うんだから、信仰によって救われるというのは本当です。これはルーテルでも、内村鑑三《かんぞう》先生でも高唱する精神です。では、行ないによっては救われないのなら、どんなに罪を犯してもよいか。大北さんは、「しかし、どうでしょうか。信仰は、行ないがないといけないのじゃないでしょうか」と言う。

さあ、これは昔からの問題なんです。

信仰と行ない、これはどうなるか。

ところが、パウロが言っておるところの罪というものは、概念《がいねん》が全然違《ちが》う。こうやって読んで

きてみると、皆さんにもそのことがだんだんわかると思います。

根本的に魂が救われない限りは、どうにもならないんです。

パウロは、この問題を六章で論《ろん》じます。そういう疑問《ぎもん》が当時のクリスチャンにあったから、それを取り上げて言うんでしょう。

断じてそうではない

では、わたしたちは、なんと言おうか。恵みが増し加わるために、罪にとどまるべきであろうか。断じてそうではない。罪に対して死んだわたしたちが、どうして、なお、その中に生きておれるだろうか。

（六章一、二節）


「断じてそうではない」というのは、「そうあるべきではない」です。

「μη《メー》 ～でない、否《いな》」「γενοιτο《ゲノイト》 起こる」という語です。断じてそう起こってはならない。

最近の新しい英語の聖書では「never happen《ネバーハプン》」と訳《やく》してある。恵みが増し加わるために罪に留《とど》まってもいいなどと、そんなことが起こってたまるものか。罪に対して死んだ私たちが、どうしてなおその罪に生きておれるだろうか、ということですね。

免疫《めんえき》ということがあります。一度、免疫抗体《こうたい》ができた者は、伝染病《でんせんびょう》がはやっても病気になりません。

それと同じように、死という魔王《まおう》が打ちます毒というか、罪というものから免疫になった者は、もう病気にかかりません。ですから、一度キリストによって救われた者が、再び罪を犯《おか》し、罪に留《とど》まってもよいなどという論法《ろんぽう》は間違《まちが》っているんです。

これは全く聖書の読み違いです。それで、パウロはもっと根本的なことを言います。

聖霊にバプテスマされると

それとも、あなたがたは知らないのか。キリスト・イエスにあずかるバプテスマを受けたわたしたちは、彼の死にあずかるバプテスマを受けたのである。すなわち、わたしたちは、その死にあずかるバプテスマによって、彼と共に葬《ほうむ》られたのである。それは、キリストが父の栄光によって、死人の中からよみがえらされたように、わたしたちもまた、新しいいのちに生きるためである。もしわたしたちが、彼に結びついてその死の様《さま》にひとしくなるなら、さらに、彼の復活の様にもひとしくなるであろう。わたしたちは、この事を知っている。わたしたちの内の古き人はキリストと共に十字架につけられた。それは、この罪のからだが滅《ほろ》

び、わたしたちがもはや、罪の奴隷《どれい》となることがないためである。（六章三～六節）

三節の初めに、「キリスト・イエスに与《あずか》るバプテスマを受けたわたしたち」と訳《やく》しているが、こういう訳の仕方が間違《まちが》いを起こします。「与る」という語はありません。ここは、「εις《エイス》 ～の中へ」という語ですから、「キリスト・イエスの中へ」ですね。さらに、「バプテスマを受けた」ではなく、原文は「εβαπτισθημεν《エバプティスセーメン》 バプテスマされた、浸《ひた》された」という受身形の動詞《どうし》を使っています。ですから直訳は、

「キリスト・イエスの中にバプテスマされた、浸されたわたしたち」となります。

パウロはここで、イエス・キリストという大きな実在があることを言っているんですね。イエス・キリストは、すでに死んでいます。もしイエス・キリストが一人間であったら、私たちはその中にバプテスマされることはありません。パウロが言うのは、イエス・キリストの内に宿っていた聖霊のことです。その聖霊の中へと浸されることをいうんです。

ですから、「バプテスマを受ける」じゃありません。これは教会の牧師たちが訳すから、こういう訳になる。彼らは儀式《ぎしき》を考えているんです。水のバプテスマ（洗礼《せんれい》）の儀式しか知らないから、こういう訳をする。

さらに、キリストの聖霊の中に浸《ひた》された者は、

「彼の死に与《あずか》るバプテスマを受けたのである」とありますが、ここも原文は、

「彼の死の中へとバプテスマされた」です。

この間までは神を信ずるということはとてもできなかったのに、聖霊にバプテスマされたら、それ以来、古い自分に死んで、新しい自分が始まる。その時に、罪に対しても死ぬということが起きる。これは、聖霊によって回心した人たちが、皆経験することです。


（一九六八年六月十九日）

〔第一三講　ロマ書六章一五〜二三節〕

15それでは、どうなのか。律法《りっぽう》の下《もと》にではなく、恵みの下にあるからといって、わた
したちは罪を犯《おか》すべきであろうか。断じてそうではない。16あなたがたは知らないのか。
あなたがた自身が、だれかの僕《しもべ》になって服従《ふくじゅう》するなら、あなたがたは自分の服従するそ
の者の僕であって、死に至《いた》る罪の僕ともなり、あるいは、義にいたる従順《じゅうじゅん》の僕ともな
るのである。
17しかし、神は感謝すべきかな。あなたがたは罪の僕であったが、伝えられた教えの
基準に心から服従して、18罪から解放され、義の僕となった。19わたしは人間的な言い
方をするが、それは、あなたがたの肉の弱さのゆえである。あなたがたは、かつて自分
の肢体《したい》を汚《けが》れと不法との僕としてささげて不法に陥《おちい》ったように、今や自分の肢体を義の
僕としてささげて、きよくならねばならない。
20あなたがたが罪の僕であった時は、義とは縁《えん》のない者であった。21その時あなたが
たは、どんな実を結んだのか。それは、今では恥《はじ》とするようなものであった。それらの
ものの終極は、死である。

22しかし今や、あなたがたは罪から解放されて神に仕え、きよきに至《いた》る実を結んでい
る。その終極は永遠のいのちである。
23罪の支払う報酬《ほうしゅう》は死である。しかし神の賜物《たまもの》は、
わたしたちの主キリスト・イエスにおける永遠のいのちである。

第一三講

罪の僕《しもべ》か、義の僕か

ロマ書六章一五〜二三節

ロマ書六章の前半までずっと学んできましたが、なかなか威勢《いせい》が良く、歯切れの良いパウロ一流の信仰の論理《ろんり》で、論じ去り、論じ来たっております。

ところが私は、六章の後半を読もうと思いながら、何だか嫌《いや》になりました。パウロ自身がここで、罪の問題について何だかくどいことを言い、考えがよどむようなところがある。五章などを読んでみると、ダイヤモンドのような文字が、夜空に輝《かがや》く星のように並《なら》んでいます。そのようなきれいなこと、素晴《すば》らしいことを読んだり、講義したりするのは気持ちがいいです。だが、罪といったようなことばかり書かれると、それを講義するのはあまり気が進みません。皆さんもご同様だろうと思います。

それで、ここを飛ばして七章にゆこうかと思ったのですが、これまで続けて読んできたことですし、罪ということをはっきりすることは、私たちの信仰に大事だと思いますので学んでゆくことにします。

罪の問題を論《ろん》じるパウロ

それでは、どうなのか。律法《りっぽう》の下《もと》にではなく、恵みの下にあるからといって、わたしたちは罪を犯《おか》すべきであろうか。断じてそうではない。（六章一五節）

この一五節で言っていることは、六章の初めから論じてきたことで、それをまた蒸《む》し返《かえ》しています。この問題については、前講で学んだとおりです。

くどいくらいに念を入れて、そして何か理屈《りくつ》づけするというのは、ユダヤ人の癖《くせ》ですね。

昨日、イスラエルからのお客さんでA・コーヘンという紳士《しんし》が、私の家に来られました。食品会社で農芸部門を担当する博士でして、一晩一緒《ひとばんいっしょ》に話して楽しかったです。真面目《まじめ》で立派《りっぱ》なかたです。だが、私のように頭が良くない人間とは違《ちが》いまして、合理的にものを考えよう、理詰《りづ》めに考《かんが》え抜《ぬ》こうとなさる。

私なんかは結論がわかればそれでよいのであって、途中《とちゅう》どのような過程を経てそうなるか、そんなことはあまり欲《ほっ》しません。たとえば、詩人の世界は言葉だけで光っておりまして、その間に不連続の概念《がいねん》を並《なら》べておっても、わかる人にはわかる。だがユダヤ人は、なかなかそうはゆきません。

特にパウロは頭がいいというか、やっぱり自分ではっきり論《ろん》じ切《き》らなければ嫌《いや》なんでしょう。だが、ここで罪の問題を論じ切ったようですけれども、歯切れが悪いです。どうしてかというと、根本的には、罪といったような深い問題は人間では片《かた》づかないからです。それほど厳粛《げんしゅく》で、重大な事柄《ことがら》なんです。罪というのは、神に対する反逆というか、不従順《ふじゅうじゅん》のことです。

『キリスト者の自由』

あなたがたは知らないのか。あなたがた自身が、だれかの僕《しもべ》になって服従《ふくじゅう》するなら、あなたがたは自分の服従するその者の僕であって、死に至《いた》る罪の僕ともなり、あるいは、義にいたる従順の僕ともなるのである。（六章一六節）

ここに何度も出てくる「僕」というのは、「δοῦλος《ドゥーロス》　奴隷《どれい》」のことです。「服従する」は、「ὑπακούω《ヒュパクーオー》　従順である、聞《き》き従《したが》う」という意味です。ですから、ここを直訳《ちょくやく》すると、

「あなたがたは知らないのか。あなたがた自身が、だれかに奴隷《どれい》として自ら従順《じゅうじゅん》に従《したが》うならば、あなたがたは自分が従うその者の奴隷である。それは、死に至《いた》る罪の奴隷ともなり、あるいは義に至る従順な(神の)奴隷ともなるのだ」となります。

人間は、罪に従うか神に従うか、どちらかの奴隷になるしかないのだ、ということですね。

マルチン・ルーテルが宗教改革《かいかく》の際に書きました、有名な『キリスト者の自由』という論文《ろんぶん》があります。これは一五二〇年に発表されたものですが、彼はそこで次のような二つの命題を掲《かか》げました。

「キリスト者はすべてのものの上に立つ自由な君主であって、何人《なんぴと》にも従属《じゅうぞく》しない」

「キリスト者はすべてのものに奉仕《ほうし》する僕《しもべ》であって、何人にも従属する」

つまり、クリスチャンは何人にも属さないから、すべての者に対して自由な君主のようなものである。しかし、イエス・キリストが人々に仕えて奴隷のごとく生きられたのを見ると、我々もすべての者に対して奴隷となり、すべての者に従属しなければならない、と。こう言って、クリスチャンの二重性を述べています。

同様のことを、パウロはコリント前書九章一九節で次のように言いました、

「わたしは、すべての人に対して自由であるが、できるだけ多くの人を得るために、自ら進んですべての人の奴隷《どれい》になった」と。

これはパウロ特有の思想なんです。ルーテルはそれをとり上げている。

人間は自由であるというけれども、限られた体と心しかもっておりません。この有限な人間に、全《まった》き自由などというようなことは、ありえるはずがない。もちろん自由に向かって進歩はしてゆきますよ。しかしながら、この有限な体、また罪に汚《けが》れて神に背《そむ》くような心、また現実の社会環《かん》境《きょう》の中で生きている時に、「絶対に自由である」ということはありません。

神の支配か、悪魔《あくま》の支配か

それでルーテルは「奴隷意志」ということを言いだします。

＊一五二五年に、ルーテルは『奴隷意志論』を著《あらわ》す。人間の自由意志は罪を犯《おか》させるだけのものであり、ただ神の恩寵《おんちょう》と憐《あわ》れみによって救われる、とする。

人間は自由であるといっても奴隷でしかない。神によって支配されるか、あるいは悪魔によって支配されるか、どちらかにつくしかない。神について永遠の生命《いのち》に至《いた》るか、それとも、罪について死に至るか。

人間は本来が不自由な存在《そんざい》ですから、自分で選択《せんたく》するということができません。今まで罪に捉《とら》えられて、重石《おもし》にひしがれるようにどうにもならなかった。そのどうにもならない有限な人間を救うのは神様です。だからこそ救われた。

しかし、罪から救われた、自由になったといっても、それは罪の重石から自由になっただけのことです。救われたら救われたで、今度は、陽《ひ》の当たる世界の法則に従《したが》う以外にない。ですからルーテルが言うように、自由になるということは新たな奴隷《どれい》になることなんです。これは有名なルーテルの思想ですが、決して間違《まちが》ったことを言っておりません。やっぱり真理です。少し解釈《かいしゃく》がカトリック的な点がありますけれども、それにしても思い切ったことを言ったものです。

ルーテルは、ローマ法王に従ってカトリック教会の奴隷として苦しい目に遭《あ》うのか、それとも信仰によってキリストに救われて自由になるのか、と訴《うった》えました。

パウロ流に言うならば、罪に従って死の奴隷になるか、あるいはキリストへの従順な奴隷となって義に至《いた》るか、ということです。義とは永遠の生命《いのち》の別名です。パウロは、「自分はキリストの奴隷だ」と言いました。それは、うれしい奴隷です。

しかし、神は感謝すべきかな。あなたがたは罪の僕《しもべ》であったが、伝えられた教えの基準に心から服従《ふくじゅう》して、罪から解放され、義の僕となった。わたしは人間的な言い方をするが、それは、あなたがたの肉の弱さのゆえである。あなたがたは、かつて自分の肢体《したい》を汚《けが》れと不法との僕としてささげて不法に陥《おちい》ったように、今や自分の肢体を義の僕としてささげて、きよくならねばならない。あなたがたが罪の僕であった時は、義とは縁《えん》のない者であった。その時あなたがたは、どんな実を結んだのか。それは、今では恥《はじ》とするようなものであった。それらのものの終極は、死である。

（六章一七～二一節）

「きよくならねばならない」とあるのは、「εις αγιασμον《エイス ハギアスモン》　聖に至《いた》る、聖別の中へ」ですね。すなわち、聖なる者となるために義の僕となるんです。

また「義とは縁のない」ではない、「義に対して自由であった」です。ここは良い意味ではなく、義に背《そむ》く自由のことを言っています。すなわち、「あなたがたが罪の僕であった時は、神の御心《みこころ》を踏《ふ》みつける、神の御顔《みかお》に泥《どろ》を塗《ぬ》る自由をもっていた」という意味です。

そのように人が神に背くときに、どんな実を結んだのか。それは今では恥とするようなものであった。罪の僕である間は、恥ずかしい実しか結ばない。それで、何をやっても最後は死でしかない。死に至《いた》る実しか結ばなかった。

ここでパウロが言うのは、この世を支配しているのは罪の力であるということです。罪というのは、「私は悪いことをしました」というような、道徳的、倫理的《りんりてき》なことではないですよ。罪という実在があるんです。悪魔《あくま》は死の大王ですが、その手下が罪ですね。この罪の力が働くときに、私たちをして死に至らしめる橋渡《はしわた》しをしてしまう。

この恐《おそ》ろしい罪という重石《おもし》のようなものが人間にのしかかっておるのであって、それを取りのけることは難《むずか》しい。罪にやられておる間は、どうしても私たちは悪魔に頭が上がらないんです。

だが、その罪の奴隷《どれい》となっていた者が救われる世界がある。

今までは、罪が私たちの主人公だった。しかしながら、その主人公と別れてキリストと再縁《さいえん》するというか、再婚《さいこん》する、そのような関係に入る時に救われる。一度目の主人は罪である。二度目の夫はキリストである。

そのように私たちは、暗黒と死の場所、罪の泥沼《どろぬま》から移《うつ》し替《か》えられなければ救われないんです。

聖霊の結ぶ実

マタイ伝一二章三一節に、

「人には、その犯《おか》すすべての罪も神を汚《けが》す言葉も、ゆるされる。しかし、聖霊を汚す言葉は、ゆるされることはない」とあります。どうして聖霊を汚したら救われないかというと、サタンを叩《たた》く力をもっているのは聖霊だからです。ですから聖霊を汚したら、私たちは救われようがない。聖霊とはキリストの霊です。

さらにマタイ伝一二章四三節以下を読んでみると、汚れた霊につかれた人の話が出てきます。汚れた霊が人から出てゆき、どこか安住の地を求めてさまよったけれども、見つからない。そこで、出てきたところの元の家に戻《もど》ったら、その家は空いていて掃《は》き清《きよ》められておった。それで、「ああ、これはいい」と、自分以上に悪い他の七つの悪鬼《あっき》を連れてきて住んだ、とあります。どうしてそういうことになるかというと、心の中が空っぽだったからです。もし、その人の心の中に、聖霊が、神の義がちゃんと頑張《がんば》っておったら悪霊は入れない。

多くの場合に、一時的に悪の状況《じょうきょう》、罪の状況から人を救うことはできます。そういう聖霊の伝道をやるのは簡単《かんたん》です。しかし、また元の状態に戻ってしまうことがある。どうして救われた状態が長続きしないのかというと、その掃き清められた心に、キリストの霊が、神の義というものが確立していないから、

「ああ、ちょうどよかった。空いていたわい」と言って、悪霊が元いた家に帰ってくるんです。

そのことをイエス・キリストが言っています。

私たちは、今まで罪の奴隷《どれい》であった。罪が自分の家をさんざん荒《あ》らし回《まわ》って、自分は小さくなっておった。しかしキリストに触《ふ》れて、罪を追《お》っ払《ぱら》ってしまったのだから、私たちは自由になって清々《せいせい》したわけです。しかし清々しただけではいけません。

今度は聖なる御霊《みたま》を、己《おの》が主人として迎《むか》え入《い》れなければ、善《よ》き実を結びません。

聖霊の結ぶ実が何であるかは、ガラテヤ書五章二二、二三節に書いてあります、

「御霊の実は、愛、喜び、平和、寛容《かんよう》、慈愛《じあい》、善意《ぜんい》、忠実《ちゅうじつ》、柔和《にゅうわ》、自制であって、これらを否《ひ》定《てい》する律法《りっぽう》はない」と。

聖霊が宿りたもうと、聖霊にふさわしい実が、その人の人格の内に結んできます。それを疎《おろそ》かにしますと、すぐまた罪は引き返してやって来る。ここに、

「キリストを汝《なんじ》らの内に住まわしめよ、聖霊を住まわしめよ」と言われる意味があるわけです。

聖なる霊を宿らしめよ

このロマ書六章一八節に、

「罪から解放され」とありますが、「解放される」という字は、「ελευθεροω《エリューセロオー》 自由にする」と

いう語の受身形です。罪から自由にされて義の僕《しもべ》となるんです。神のものとなるんです。ということは、私たちは罪の奴隷《どれい》となるか、義の奴隷となるか、どちらかなんです。自由といっても、神の義か、それとも罪か、どちらが自分の心の中で自由にふるまうのか、という問題です。ほんとうにキリストの義をして私たちの内に住まわしめて、キリストが自由にふるまう人間になることが大事なんですね。そのためには、キリストが罪を追《お》い払《はら》ってくださらなければ、義の自由に入らないわけです。

こうして読んでみると、パウロが言っている罪からの救いという意味は、ずいぶん違《ちが》います。十字架を信じたら、「よしよし」といって、簡単《かんたん》に救われるようなものではないんです。キリストが私たちの内に住みたまわなければ、罪から救われたりはしません。

ロシアの哲学者《てつがくしゃ》ニコライ・ベルジャーエフが、次のようなことを言っています、「ローマ・カトリックの間違い、またプロテスタントの間違いは、贖罪《しょくざい》ということを法律的《ほうりつてき》に解していることである。だが東方キリスト教（ロシアのハリスト正教も含《ふく》めて）では、贖罪とは暗きから光に移ることなのである。移される経験だけでなく、生命が変化することである。これが、西洋キリスト教と東方キリスト教の違いである」と。

ベルジャーエフがそう言って、現在の西洋流のキリスト教を攻撃《こうげき》していますけれども、これは私が言おうとすることです。だから救いということについても、西洋キリスト教はずいぶんパウロが言っている意味と違《ちが》います。

罪と戦う自由

パウロといえども、人間として弱い肉をまとっておりました。私たちも、キリストに救われたといっても、罪の世の中、罪の支配している世界に生きております。

そのような場合に、クリスチャンとして救われた者たちに何が残されているかというと、それは戦う自由をもっておるということです。戦いです。自由というものは、自由を妨害《ぼうがい》するものに対する戦い、抵抗《ていこう》となって現れます。困難《こんなん》があり、抵抗があります。しかし、それに打ち勝ってこそ自由です。

すなわち戦う自由、悪魔《あくま》への抵抗、罪への抵抗、不信仰な空気に逆らってゆく自由があります。ところが普通の人が「自由」と言うときに、何か安易なこと、最も抵抗のないところを歩くこと、それを自由だと思っている。しかし本当の自由は、自分のしたいことを、また自分の魂が命ずるキリストの道であるならば、抵抗を冒《おか》してでも進んでゆく。妨害を排除《はいじょ》して戦ってこそ本当の自由と言える。これが、パウロが言おうとする点です。

よくパウロの信仰が誤解《ごかい》されるんです。恵みによって救われたのだから、もう裁《さば》かれることはないんだ。福音は律法《りっぽう》からの自由だ。道徳からの自由だ。もうすっかり道徳的に清められたんだ。そのようにホーリネス流のクリスチャンたちは言います。

しかし、パウロはそう言っていない。

清められるというのは、戦いにおいて清められるんです。私たちの周囲に、また自分にまとわりついてくる罪を排除《はいじょ》して、排除して、ついに永遠の生命《いのち》に至《いた》るんです。

今までは罪に脅《おど》されるというか、神に背《そむ》くことが平気でした。けれども今度は神に従《したが》おうとして、神に背く者たちに一矢《いっし》報《むく》いてやる、戦ってやろうという気持ちが出る点において自由なんです。それで、パウロの言う「解放される、自由となる、救われる」という意味が、だいぶ違《ちが》うということがわかります。

罪の報酬《ほうしゅう》と神の賜物《たまもの》

しかし今や、あなたがたは罪から解放されて神に仕え、きよきに至る実を結んでいる。その終極は永遠のいのちである。罪の支払う報酬は死である。しかし神の賜物は、わたしたちの主キリスト・イエスにおける永遠のいのちである。

（六章二二、二三節）

「罪から解放されて」は、一八節と同じく「罪から自由にされて」という語です。罪が今までは束縛《そくばく》しておった。しかし今や、その束縛から解放され自由になった。「神に仕え」は「仕え」ではなくて、「奴隷《どれい》となる」です。神の奴隷となり、聖に至《いた》る実を結んでいる。そのように聖《きよ》き実を結ぶようになった者の終極に何があるかというなら、それは永遠の生命《いのち》である。

「罪の支払う報酬《ほうしゅう》は死である」の「報酬」と訳《やく》された語は、「οψωνια《オプソーニア》 兵隊に与《あた》える給料、労働者に与える賃金《ちんぎん》」のことです。だから罪の給料というか、罪の賃金は死であるということですね。それに対して、神から与えられるものは、「χαρισμα《カリスマ》 賜物《たまもの》」であると言っています。

神から賜《たまわ》るカリスマは、私たちの主イエス・キリストにおける永遠の生命である。すなわち、永遠の生命も神の賜物であります。この永遠の生命というカリスマを受けるときに、私たちはほんとうに義の僕《しもべ》として聖きに至る実を結ぶ。そういう人格形成ができます。

キリストの内在こそ救い

大事なことは、今までは罪の奴隷となっておった者が義の奴隷となることです。主人をとりかえた妻のような状況《じょうきょう》になることです。私たちはここで、すっかりキリストによって罪を掃《は》き清《きよ》めていただく。しかし、清められることが救いではありません。今度は義なるキリストが私たちに内在するということが、ほんとうに救いとなります。

自分の内に、霊の支配者、保護者がいませんと、戦えません。

人は、「魂さえ救われたらよい。どうせこの世は罪だからしかたがない」などと言います。しかし、そんな投げやりな気持ちではいけません。尊《とうと》い金《きん》を、泥《どろ》にまみれたままドブの中に置くバカはいない。私たちが救われてキリストのものとなり、金となったならば、戦わなければなりません。金の燭台《しょくだい》は立派《りっぱ》な台の上に置くべきであって、神の国に置くべきです。置《お》き換《か》えなければ、その金をして金たらしめない。

パウロがここで論《ろん》じようとすることは、どこまでも私たちが義の僕《しもべ》となって、今までの主人であったところの罪に一矢《いっし》報《むく》いて戦うか、どうか。不信仰と戦うか、どうかです。神に背《そむ》く勢力に対して戦えるか、どうか、ということを言うのです。


（一九六八年六月二十六日）

＊ニコライ・ベルジャーエフ…一八七四～一九四八年。ロシアの宗教哲学者《てつがくしゃ》。独自のキリスト教的実存《じつぞん》主義の哲学を展開《てんかい》。主著《しゅちょ》は『歴史の意味』『霊の国とカイザルの国』など。

〔第一四講　ロマ書七章一～六節〕

1それとも、兄弟たちよ。あなたがたは知らないのか。わたしは律法《りっぽう》を知っている
人々に語るのであるが、律法は人をその生きている期間だけ支配するものである。2す
なわち、夫のある女は、夫が生きている間は、律法によって彼につながれている。しか
し、夫が死ねば、夫の律法から解放される。3であるから、夫の生存中《せいぞんちゅう》に他の男に行け
ば、その女は淫婦《いんぷ》と呼《よ》ばれるが、もし夫が死ねば、その律法から解かれるので、他の男
に行っても、淫婦とはならない。

4わたしの兄弟たちよ。このように、あなたがたも、キリストのからだをとおして、
律法に対して死んだのである。それは、あなたがたが他の人、すなわち、死人の中から
よみがえられたかたのものとなり、こうして、わたしたちが神のために実を結ぶに至《いた》る
ためなのである。5というのは、わたしたちが肉にあった時には、律法による罪の欲情《よくじょう》
が、死のために実を結ばせようとして、わたしたちの肢体《したい》のうちに働いていた。6しか
し今は、わたしたちをつないでいたものに対して死んだので、わたしたちは律法から解
放され、その結果、古い文字《もんじ》によってではなく、新しい霊によって仕えているのである。

第一四講

律法《りっぽう》の束縛《そくばく》を断《た》つもの　ロマ書七章一〜六節

今から読む七章では、旧約聖書に記された律法を問題にします。二千年前にパウロが生きた当時は、宗教的な時代でありまして、律法は宗教の掟《おきて》や道徳であるばかりでなく、一般の社会生活においても法律的な力をもっておりました。

律法に死ぬということ

六章において「罪に死ぬ」ことを述べたパウロは、ここでは「律法に死ぬ」ということを言っております。律法に死ぬというようなことは、今のクリスチャンはあまり申しません。むしろ、道徳や律法を守るのがクリスチャンだと思っております。

ところが、パウロはそう言いません。

ロマ書七章四節に、

「あなたがたも、キリストのからだをとおして、律法《りっぽう》に対して死んだのである」とあるように、当時行なわれておった人間を縛《しば》りつけるような宗教道徳から解放されよ、律法に対して死んでしまえ、と言っています。喧嘩《けんか》腰《ごし》でパウロは論《ろん》を進めておる。

良い倫理《りんり》は良いにしても、今までのつまらぬ掟《おきて》に縛られて生きるというようなことをやっている間は、本当の救いではありません。ですから、この世の道徳、あるいはキリスト教の道徳といったようなものに対して死ぬのが救いなんですね。

一般的に、その人の信仰が良いか悪いかは、「その人が道徳的であるかどうかを見たらわかる」などと言うでしょう。しかしパウロは、「道徳ぐらいは踏《ふ》みにじれ」と言うんです。それは、道徳はつまらないという意味ではありません。もっと良いものを発見した時に、それまで後生大事にしていたものがつまらなくなるんです。

私たちが信仰によって生きるというのならば、道徳においても、もっと完成された、違《ちが》う意味の素晴《すば》らしさをもっておらなければ、嘘《うそ》だということです。

私たちはパウロ先生に学んで、こういう信仰が原始福音の一面であるということを知りとうございます。

律法《りっぽう》の適応範囲《はんい》と限界

それとも、兄弟たちよ。あなたがたは知らないのか。わたしは律法を知っている人々に語るのであるが、律法は人をその生きている期間だけ支配するものである。（七章一節）

モーセの十戒《じっかい》をはじめとして、律法は人間に対する神様のご意志を記したものです。神の民《たみ》はどう生きるべきかという、ユダヤ教の道徳律ですね。しかし、ここでパウロが問題にするのは、その律法の適応範囲ということです。

律法は、人がこの世に生きている期間だけを支配するものであって、死んだ人にはもう適用されないのだ、と言っている。

すなわち、夫のある女は、夫が生きている間は、律法によって彼につながれている。しかし、夫が死ねば、夫の律法から解放される。であるから、夫の生存中《せいぞんちゅう》に他の男に行けば、その女は淫婦《いんぷ》と呼《よ》ばれるが、もし夫が死ねば、その律法から解かれるので、他の男に行っても、淫婦とはならない。（七章二、三節）

パウロの論法《ろんぽう》というのは面白《おもしろ》くて、こういう変なところから理屈《りくつ》づけをしてくる。何かを言いたいために、譬《たと》えで言うんです。

すなわち、夫のある女は、夫が生きている間は律法《りっぽう》によって夫に繋《つな》がれている。しかし夫が死んだら、夫から解放されるのである。「解放」というよりも、「καταργεω《カタルゲオー》 解除《かいじょ》する」といった意味でしょう。

今の人たちは夫婦《ふうふ》となりましても、お互《たが》い性格が合わないからといって別れたりします。そのようなことは、昔は絶対に許されませんでした。特に女性の場合は、一度結婚《けっこん》したら、一生不自由なものでした。夫という厳《きび》しい律法に縛《しば》られねばなりません。今の人々は、こういうことがわからないかもしれませんが、私たちのように古い人間はよくわかります。

しかし、夫が死んだら、その律法から解除される。これは当時のローマ法でもそうですし、ユダヤ教の律法でも同じです。夫が死んだら、再婚の自由がある。しかし、夫が生きておる間に二重結婚することは許されません。

「夫の生存中に他の男に行けば、その女は淫婦《いんぷ》と呼《よ》ばれるが、もし夫が死ねば、その律法から解かれるのである」(七章三節)とあるとおりです。

この「解く」という語は、先ほどの「解除する」という語と違《ちが》います。これは「ελευθερος《エレウセロス》

自由な、束縛《そくばく》されない」という語です。自由になるということは、すなわち、他の男に行っても、淫婦《いんぷ》とはならない。今まで縛《しば》られておった妻は、もう拘束《こうそく》されない。自由に再婚《さいこん》できる。

パウロは当時の法律《ほうりつ》を引用しつつ、こうして律法の限度、限界というものを示すわけです。

時代によって変わる法律

法律というものは、しばしば変わるものです。戦前の法律でひどい目に遭《あ》って、監獄《かんごく》に入れられたり死刑《しけい》に処《しょ》せられたり、ずいぶん気の毒な人がありました。大正十二年、難波《なんば》大助の大逆事件では、皇太子《こうたいし》殿下《でんか》（後の昭和天皇《てんのう》）に銃《じゅう》を向けたというので死刑になりました。天皇を批判《ひはん》しただけでも、どんどん監獄にぶちこまれたものです。しかし、今はどうですか、何をしようが野放しです。天皇の権威《けんい》というか、尊厳《そんげん》は守られていません。

大阪は共産党《きょうさんとう》が強い地盤《じばん》をもっております。先日、そこで共産党の代議士が選挙演説をやっておった。その時に、さかんに皇室の批判をします。皇太子ご夫妻に対しても、「美智子《みちこ》は日清《にっしん》製粉の社長の娘《むすめ》だが」という調子で、まあひどい悪口を言う。こんなことを言っていいだろうか。また天皇陛下《へいか》に対しても、「裕仁《ひろひと》は」とか、「裕ちゃんは」とか言う。

私はとうとう怒《おこ》って、

「なんだ、どうして天皇陛下《てんのうへいか》と言わんか。憲法《けんぽう》には、天皇を尊敬《そんけい》するという精神がある。おまえたちは新憲法で平和、平和と言って、その点だけを言うけれども、なんていうことか」と言うと、場内騒然《そうぜん》となりました。あれでは共産党《きょうさんとう》は信を失いますね。

今は何を言ったって監獄《かんごく》に入れられたり、死刑《しけい》になったりしない。だから、法律《ほうりつ》というものは、時代の時々で変わります。そんな変わるものに縛《しば》られて生きねばならん人間は哀《あわ》れです。

律法に繋《つな》がれたクリスチャン

なるほど道徳というものは、社会生活の基準だから大事なものでしょう。だが、そこには限度、限界というものがありまして、ある者はそれで縛られ、ある者は縛られなかったり、時代によって変わってくる。

キリスト教会では、「あの人は、あんなことやった」といって、道徳的な失敗をとがめます。しかし私は、信仰に関すること、神に対する反逆に関しては非常にやかましいですけれども、それ以外についてはあまりとやかく言うことはありません。

それは、宗教的戒律《かいりつ》とか、道徳というものの限界を知っているからです。

パウロが、「律法には限度があるのだ」と言ったということは、当時、よほどに勇気がいることだったでしょう。パウロは偉《えら》かったと思います。こういうようなことを、ユダヤ人に対してはなかなか言えません。しかし、言わなければユダヤ人が救われない。

今は、律法《りっぽう》に繫《つな》がれたクリスチャンがおります。彼らは「道徳的でなければならない」と言うけれども、それは、つまらない禁酒、禁煙《きんえん》ぐらいの道徳です。彼らは、何すべからず、かにすべからず、といったようなことに繫がれて生きている。これでは魂の自由はついに得られません。

神の霊を抜《ぬ》きに律法は適用しがたい

そのことは、神の人モーセの生涯《しょうがい》を読んでみるとよくわかります。

今から三千二百年ほど昔、モーセはエジプトで最高の教育を受け、支配者であるパロの王宮で育ちました。古代エジプトのような権力《けんりょく》社会においては、権力をもっておる者が強い。ある時モーセは、同胞《どうほう》であるイスラエル人がエジプト人にいじめられているのを見て、そのエジプト人を叩《たた》き殺《ころ》しました。若《わか》い頃《ころ》の彼は、権力によって人を支配しようとした。

だがモーセはその事件のために、遠くシナイ半島にあるミデアンの荒野《あらの》に逃《に》げなければならなくなりました。彼は四十年間、ほんとうに苦しんだあげく、魂が目覚めた。そして、シナイ山で神から十戒《じっかい》を授《さず》かりました。社会の秩序《ちつじょ》を保つには、権力ではいけない。法によって治めること

モーセが十戒を授かったシナイ山

をしなければならないという意味で、神の律法《りっぽう》を授《さず》かった。

ヘブライ的な律法は、ローマ法と違《ちが》って人情に篤《あつ》い、神の憐《あわ》れみを含《ふく》んだ良い律法です。

モーセの偉大《いだい》さは、律法を授かっただけではありません。彼は大勢のイスラエルの民《たみ》を率いて出エジプトをしまして、四十年間、シナイ半島の荒野《あらの》をさまよい歩きました。その時に、いろいろな問題がありますと、律法に照らして裁《さば》かねばならない。そうすると、律法の応用というか、施行《しこう》細則がたくさん増えまして、律法の箇条《かじょう》が増えたわけです。それで晩年《ばんねん》のモーセは、

「わたしひとりでは、このすべての民を負うことができません。それはわたしには重過ぎます」(民数記一一章一四節)と言って音《ね》を上げました。政治という

のは結局、誰《だれ》が良い、彼が悪いといって裁《さば》くことですから大変です。

このモーセの苦情に対して、神様は、

「(民《たみ》の長老)七十人をわたしのもとに集め、会見の幕屋に連れてきて、そこにあなたと共に立たせなさい。わたしは下って、その所で、あなたと語り、またわたしはあなたの上にある霊を、彼らにも分《わ》け与《あた》えるであろう。彼らはあなたと共に、民の重荷を負い、あなたが、ただひとりで、それを負うことのないようにするであろう」(民数記一一章一六、一七節)と言われました。

ここを読んでわかるのは、律法《りっぽう》というものは、神の霊を欠いでは本当の適用をしがたいということです。

聖書の目指す世界

こうして聖書を読んでみると、社会に三つの型《タイプ》があることがわかります。

第一に、権力《けんりょく》によって治める社会。

第二に、法律によって治める社会。

第三に、神霊によって治める社会。

第三の完成された社会は、恵みの社会というか、キリスト・イエスを通して流れてくる聖霊がご支配なさる社会です。すなわち、カリスマ的な神の生命《いのち》によって皆が生きる群れができる。これが聖書の理想なんです。モーセは、これを少しく味わいました。

ここに、旧約時代において、すでに新約時代の萌芽《ほうが》を見ることができます。モーセの上にあった神の霊が七十人の長老に分け《わ》与《あた》えられたという、ペンテコステのような出来事があったんです。人間は法律《ほうりつ》という社会の規則に縛《しば》られている間は、どうしても救われません。今後、新しい人類の時代が来るためには、各々《おのおの》皆に神の御霊《みたま》が注がれなければ新しいユートピアは成らない。人類に幸いは来ません。この聖霊が注がれることこそ、聖書の目指すところであり、新しいエルサレムであります。

＊新しいエルサレム…聖書の最後、黙示録《もくしろく》に記された人類の歴史の目標。神と人が共に住む理想の世界。

こうして旧新約聖書に書いてある理想を、モーセ自身が経験しつつあった。だから、何も新約というものは、旧約から切《き》り離《はな》してあるわけではないんです。

キリストへの愛に生きたパウロ

ロマ書に戻《もど》ります。

わたしの兄弟たちよ。このように、あなたがたも、キリストのからだをとおして、律法《りっぽう》に対して死んだのである。それは、あなたがたが他の人、すなわち、死人の中からよみがえられたかたのものとなり、こうして、わたしたちが神のために実を結ぶに至《いた》るためなのである。

（七章四節）

ここは、わかりにくい箇所《かしょ》だと思われているところですが、パウロが書いたガラテヤ書を開いてみると、ここにそっくりな箇所があります。そこを読んでみますと、パウロの言わんとするところがわかります。

「わたしは、神に生きるために、律法によって律法に死んだ。わたしはキリストと共に十字架につけられた。生きているのは、もはや、わたしではない。キリストが、わたしのうちに生きておられるのである。しかし、わたしがいま肉にあって生きているのは、わたしを愛し、わたしのためにご自身をささげられた神の御子《みこ》を信じる信仰によって、生きているのである」

（ガラテヤ書二章一九、二〇節）

パウロは、ユダヤ教の中でも律法《りっぽう》を守ることに厳格《げんかく》なパリサイ派《は》の人でしたから、以前は律法をわが妻のごとくに愛しておりました。しかし、その律法に対して死んでしまったというのは、彼がキリストに愛されたからです。

そのキリストにどこで出会ったかというと、シリアのダマスコ城外《じょうがい》においてでした。突如《とつじょ》として現れたもうた御方《おかた》に、

「サウロ（パウロの旧名）よ、サウロよ」と、自分の名を呼《よ》ばれてから彼は変わったんです。このようなキリストに対する理解は、神学書を読んでいたってわかるものではありません。彼はキリストに出会って愛されたから、それまでの一切《いっさい》をかなぐり捨《す》てました。そして、ただキリストと共に歩こう、もう律法がどんなにとがめてもいい、世間の口がどんなに冷たくてもいいと思いました。

こうして、古い自分はキリストと共に十字架につけられて死んだのだということを、パウロはしばしば述べている。この十字架は、西洋人が理解している十字架と違《ちが》いますよ。自らがキリストと共に死ぬ十字架のことです。大死《たいし》一番《いちばん》した十字架です。

＊大死一番……己《おのれ》を捨てて、神のために一身を捧《ささ》げること。元は禅宗《ぜんしゅう》の言葉。

パウロは己に死んで、ただキリストが自分の内に生きてくださることを願いました。それで、

「自分が生きているのは、自分を愛して死んでくださったキリストのためである」と言うんです。つまり、夫が死んだ時に、もう自分も死んだほうがましだと思うような妻の心、自分も死んだも同様の気持ちです。しかし、なお生きているのは夫の追善供養《ついぜんくよう》のために、また夫が自分を愛して、なお遺《のこ》してくれた希望のために生きている。パウロはそのようなキリストに対する愛情というものを覚えておったんです。

未亡人《みぼうじん》の心

昨年の十月、伝道の戦いのさなかに那須純哉《なすじゅんや》君が天に帰ってゆきました。弱冠《じゃっかん》二十七歳《さい》でした。彼の命がけの伝道によって、どれだけ多くの人が救われ奇跡《きせき》が起きたかしれません。私は、ほんとうに彼の将来《しょうらい》を嘱目《しょくもく》しておりました。

その彼が遺した奥さんの偕子《ともこ》さんを見ると、辛《つら》かろうなあと思います。生木《なまき》を裂《さ》かれるという言葉があるが、夫が死ぬということは妻たる者にとってこんなに打撃《だげき》というか、痛《いた》いことなのかということを感じます。

しかし、彼女は葬儀《そうぎ》の最後のお別れの挨拶《あいさつ》で、

「あなた、私はほんとうに幸福でした。三年半、あなたと過ごした月日のなんと幸せだったこと

でしょうか。あと三十年か、四十年か経《た》ったら、やがてあなたのお側《そば》に行く日があるでしょう。この三年半の幸せを私は知っておりますから、それまで十分、耐《た》え忍《しの》ぶだけの幸いを得ました。二人の子供《こども》たちを、私が一人で育てることはできませんから、あなたも天界から一緒《いっしょ》に最善《さいぜん》に育ててください。立派《りっぱ》にあなたの伝道の後に続いてゆくような戦士として育ててください。私は、やがて地上の生涯《しょうがい》が終わり、再びお会いする時に、『偕子、よくやってくれた。ありがとう！』、この一言だけを楽しみにして生《い》き抜《ぬ》いてゆきます。

ほんとうに、ありがとうございました。神様、ありがとうございます」と言いました。

こんなことは、普通は言えませんね。愛する者が死んだのを目の前にして、なお神を賛美しながら語る彼女の姿《すがた》に私は驚《おどろ》き、未亡人《みぼうじん》の心に触《ふ》れる思いがしました。

キリストの肢《えだ》となって

先ほど読みました四節の初めに、

「わたしの兄弟たちよ。このように、あなたがたも、キリストのからだをとおして、律法《りっぽう》に対して死んだのである」とあります。

ここで、キリストの体を通して私たちは律法に死んだというのは何かというと、パウロはダマスコ城外《じょうがい》でキリストに触《ふ》れた時に、キリストの体の一部分というか、肢《えだ》になったことをいうんです。その時に、聖霊として今も生きて働きたもうキリストの一部分になるためには、この世に死ななければならなかった。すなわち、キリストの体の部分となるために彼は死んだのです。

もはや私は生きていない。生きているならば、わが内にあるキリストである。自分は肉においてなお生きているけれども、それはキリストを夫のごとく思って仕えているのだ、と言うんですね。これは、未亡人《みぼうじん》になった人たちの心理状態を通してでも味わわなければ、よくわからないことです。

こうして今までの自分に死んで、キリストのものとなって生きるのは何のためかというなら、「それは、あなたがたが他の人、すなわち、死人の中からよみがえられたかたのものとなり、こうして、わたしたちが神のために実を結ぶに至《いた》るためなのである」（七章四節）とあります。

すなわち、キリストを夫にするという関係によって、神のために実を結ぶようになるためだということです。

パウロにおける救いとは

というのは、わたしたちが肉にあった時には、律法《りっぽう》による罪の欲情《よくじょう》が、死のために実を結

ばせようとして、わたしたちの肢体《したい》のうちに働いていた。（七章五節）

神のために実を結ぶことの反対は、死のために実を結ぶということです。それについてパウロは、「肉」「律法《りっぽう》」「罪」「死」と、一つに繋《つな》がったものとして述べています。これはパウロ一流の考え方、論法《ろんぽう》です。こういうパウロの基礎概念《きそがいねん》というものを理解する必要があります。

ここで「σαρξ《サルクス》　肉」というのは、肉体という意味ではありません。神無き生活、聖霊を失っている命を肉といいます。生まれながらの肉なる人間は、律法に耐《た》え難《がた》い。どうしてかというと、律法を行なう力が無いからです。聖霊が無いからです。

もしこの世の中が聖人君子ばかりならば、法律は要《い》りません。道徳も要らない。皆、善《よ》いことしかしないんですから。しかし、そうはゆきませんから、律法といったものが必要となり、それで人間を縛《しば》るんです。

孔子《こうし》は晩年《ばんねん》の七十歳《さい》になって、道徳に悖《もと》るようなことをしない境地に至《いた》り、「心の欲《ほっ》する所に従《したが》って、矩《のり》を踰《こ》えず（自分の心が思うままに自由に行動しても、人間のあるべき法則をこえない境地に達した）」と言いました。しかし、それがなかなかできないものです。

それで、結局パウロにおいては、救いというのは肉から救われることなんです。

聖霊によって肉の弱さから強められることです。また束縛《そくばく》されておる律法《りっぽう》から解放されて、本当の自由を得ることです。また、私たちが罪から救われるためには、どうしてもキリストが働いて私たちを罪の力から奪還《だっかん》し、キリストの虜《とりこ》にしてくださらなければ、どうにもなりません。もう一つは、死というものを叩《たた》き伏《ふ》せなければ立ち上がれない。死という恐《おそ》ろしい力に取って代わるものがやってこない限り、私たちは救われないんです。

では、その死に取って代わるものは何か。

キリストです。永遠の生命《いのち》です。「死」に対する反対概念《がいねん》、それは「永遠の生命」です。永遠の生命というのは、神の国の生命、聖霊の生命のことです。この永遠の生命が私たちに臨《のぞ》まない限り、死はどこまでも私たちを脅《おびや》かしてきます。死というものは、キリストの聖霊の力でやっつけていただかなければ、これはどうにも解決がつかぬ。このような根本的な解決をしませんと救われません。解決がついた人間を、神はほんとうに喜びたまいます。

律法という基盤《きばん》に戻《もど》るな

幕屋の聖会に行って、今までの自分を反省して立派《りっぱ》になろう、と言う人がいます。だが、そんなに自己《じこ》反省をしたって立派になれませんよ。もっと問題は奥《おく》が深いのであって、根本を解決せずには、聖会に行ってもまた同じことです。

パウロはここで大事な信仰の要点を言っているんです。罪からせっかく救われても、また罪を支えておった律法《りっぽう》という基盤《きばん》に帰ったら何にもならない。何が良い、かにが悪いといって、律法に照らして罪を判断しておるような状況《じょうきょう》に帰ったなら、救われても何にもなりません。今まであなたがたを縛《しば》っていた律法からさよならをしなければ、元の木阿弥《もくあみ》です。私たちは、古いアダムと古い体質から別れて、新しい幕屋作りをしよう、原始福音を目指してゆこう、という気構えがないと何にもなりません。

これまでは悪い状況で失敗した、罪を犯《おか》した、敗北した、といったようなことはどうでもよい。依《よ》って立《た》つ基盤をまず検討《けんとう》して、全く体質を改造しなければ立ち直らない。それがなければ、細ってゆくばっかりです。

御霊《みたま》の導くままに

しかし今は、わたしたちをつないでいたものに対して死んだので、わたしたちは律法から解放され、その結果、古い文字《もんじ》によってではなく、新しい霊によって仕えているのである。

（七章六節）

ここはパウロの信仰の神髄《しんずい》を述べたところです。

パウロがなぜこのように律法《りっぽう》という大事なものを叩《たた》くかというと、まずそれから解放されなければ、霊は自由を得ないからです。

当時のローマ法、またはユダヤ教の掟《おきて》というものをいい道具にして、イエス・キリストは十字架につけられて殺されたんです。パウロにとっては、自分の愛する者が律法によって殺された。だからもうユダヤ教の律法なんかに繫《つな》がれてたまるか、というような決心があるんですね。

このようにパウロは過激《かげき》に過ぎる点がありますから、パウロの無律法主義は危《あぶ》ない、などといわれるわけです。それは危ないです。聖霊が臨《のぞ》んでいない人々に、無律法主義を勧《すす》めたら大変です。道徳はいらないなんて言ったらいけません。

だが、聖霊によってコンバージョン(回心)して新しい道を歩き出した人は、もっと御霊《みたま》の導くままに生きることが大事です。この世の常識、この世の律法に縛《しば》られずに生きることです。そうして、私たちは道徳以上のことをするんです。

私たちは、私たちを繫《つな》いでいた律法に対して死んだので、律法から解放される、解除《かいじょ》されたのである。自由になったのである。今や新しい霊によって仕えているのである。

「新しい霊によって仕えているのである」の原文は、「霊の新しさにおいて仕えているのである」です。どうぞ、古い律法《りっぽう》の文字に縛《しば》られて歩くのではなく、日々、新鮮《しんせん》な聖霊において仕えまつるということが大事であります。そうして、あんなに素晴《すば》らしいことは誰《だれ》もできんね、といったようなことをやってのけるんです。

私たちの内に、神の世界から驚《おどろ》くべきものが突《つ》き上《あ》げ、込《こ》み上《あ》げてきて、「これで立つんだ！」と言うときに、思い切った離《はな》れ業《わざ》ができます。

（一九六八年七月十日）

＊律法…「律法」は、モーセを通して神から示された教えや掟《おきて》のこと。そこから以下のような意味でも使われる。①旧約聖書の初めの五書（創世記《そうせいき》、出エジプト記、レビ記、民数記、申命記《しんめいき》）。②旧約聖書全体。③旧約聖書に記された律法をどう解釈《かいしゃく》するかという口伝律法。宗教社会であった古代イスラエルの法律、道徳律。

第一五講

死生転換《てんかん》のバプテスマ　　ロマ書六章三節〜七章六節

ロマ書をもう一度振《ふ》り返《かえ》って読みますと、パウロは五章において、「神の怒《いか》りから救われる」ということを論《ろん》じました。どのように救われるかというと、「聖霊によって、神の愛がわたしたちの心に注がれている」（五章五節）とありますように、神の愛によって救われる。

その神の愛が最もよく表れているのが、キリストの十字架です。キリストはご自分を生贄《いけにえ》として、神の御前《みまえ》に人の罪を執《と》り成《な》したもうた。このキリストの愛という生命《いのち》そのもの、これが私たちを救う。この愛のほとばしりは、十字架上に流された御血汐《おんちしお》において、最もよく表れています。

このキリストの御血汐が私たちを救うんです。

御血汐というのは、キリストの御生命《おんいのち》のことです。この十字架の御血汐に浴さなければ、どうしても信仰はわかりません。教理の十字架では救われないんです。実存的《じつぞんてき》な十字架の御血汐《おんちしお》に触《ふ》れてみて、「ああーっ」と言ってわかるものです。

堀君《ほりくん》よ、なぜ死んだ

人間には、神の審判《しんぱん》が恐《おそ》ろしいという感情があります。しかしながら、神様は血を流してでも人間を救おうとされるほどに愛しておられる。恐ろしいけれども、その愛のゆえに、恐ろしさを超《こ》えることができます。

卑近《ひきん》な例をお話しすると、先日、エルサレムのヴィア・ドロローサで亡《な》くなりました堀清治君の奥さんの陽子さんが、何度か私の家に来ました。けれども、私は顔を見たくなかった。私が、「君は弱い身体《からだ》だから聖地巡礼《じゅんれい》は無理だ、やめなさい」とあんなに言ったのに、なぜ言うとおりに従《したが》ってくれなかったんだ。そうしたら、エルサレムで死ななくてよかったのに。また陽子さんが、ご主人を行かせるようにしたから、あんなことになった。

堀君が亡くなったということが、私は辛《つら》いんです。「エルサレムで死んでめでたし、めでたし」なんて、思ってもいません。その共犯者《きょうはんしゃ》といったら悪いが、奥さんの陽子さんに対して不快な感情をもつんです。これは、私が愛していないからじゃない。

ところが先日、陽子さんが恐《おそ》る恐るまた来られた。そうしたら、その後、手紙を下さった、「手島先生は恐ろしい人と思っていましたが、あんなに優《やさ》しい先生とは思わなかった。ほんとうにごめんなさい」と。

いや、私は変わりないんです。ただ、あのかたが未亡人恩給《みぼうじんおんきゅう》を取れるように、書面を認《したた》めました。堀君は傷痍《しょうい》軍人です。海軍で駆逐艦《くちくかん》の乗員だった。その船から放《ほう》り出《だ》されて戦傷を受けて、その後、結核《けっかく》で胸《むね》を病《や》んだ人ですから、恩給が出るわけです。なるべく二千円でも、三千円でも多く貰《もら》えるようにと願うのは当然でして、それを書いて差し上げた。私は当たり前のことをしただけです。

だが陽子さんにしてみれば、先生はこんなに優しい面があったのかしら、知らなかったと言う。「私をばかにしている」と言いたいところです。

このことを、神様に置《お》き換《か》えては悪いですけれども、神様は愛していらっしゃるからこそ怒《いか》っているんです。それが聖書の神のご性格なんです。愛していなかったら怒ったりするものですか。「怒る神とか、妬《ねた》む神という概念《がいねん》があるから、キリスト教はだめだ。実に幼稚《ようち》な信仰だ」と、ケチをつける人たちがいる。それは、人格的な愛というもの、愛の深さというものを知らないから、そんなことを言うんです。

彼らは倫理《りんり》としての愛は知っているかもしれない。しかしながら、生きている者の愛は、そんなに簡単《かんたん》なものではありません。

なぜ神様が怒《いか》っておられるかというと、人間が罪を犯《おか》すからですね。

罪とは何かというと、神に背《そむ》く心です。神様は愛しているのに、どうして人間は背くのだろう。理解ができない。愛していた人から背かれるということが、どんなに辛《つら》いか。これは愛したことのある人間でないとわからない。深く愛すれば愛するほど、背かれた時の辛さはたとえようもありません。

それが神に対しての背きであったときに、それを罪といいます。神様に背《せ》を向けて自分勝手に歩こうとする。人間は勝手なもので、適当な理屈《りくつ》をつけて自分を義とします。しかしよく考えてみよ、自分に義があるか、そのことをパウロは問うんです。

死のバプテスマ――十字架

私たちは、罪からほんとうに救われたい。どうしたら罪から救われるか。

パウロは、聖霊のバプテスマを受けなければ救われない、ということを申しています。

このことは、第一二講(「罪に対する免疫抗体《めんえきこうたい》」)で十分に話せませんでしたので、もう少し付け加えます。

ロマ書六章三節から読みます。

それとも、あなたがたは知らないのか。キリスト・イエスにあずかるバプテスマを受けたわたしたちは、彼の死にあずかるバプテスマを受けたのである。（六章三節）

「バプテスマ」というのは、「浸《ひた》すこと」という意味です。

ここで、「キリスト・イエスにあずかるバプテスマ」とありますが、初代キリスト教会において「バプテスマ」というのは、洗礼者《せんれいしゃ》ヨハネの水のバプテスマ（水に浸すこと、洗礼）ではありません。聖霊に浸されるバプテスマです。

新約聖書がやかましく申すのは、水の洗礼をどれだけ受けても人は救われない、ということなんですね。ただキリストのバプテスマ、神の聖なる霊に浸される経験が信仰の基礎《きそ》だということです。そして、ひとたびこのキリストの霊のバプテスマをくぐったら、ほんとうに生まれ変わった経験が始まります。

ここに「彼の死にあずかるバプテスマを受けた」とありますように、聖霊を注がれると、古い自分に死んで、新しいキリストにある自分として生きるようなことが始まる。

すなわち、わたしたちは、その死にあずかるバプテスマによって、彼と共に葬《ほうむ》られたのである。それは、キリストが父の栄光によって、死人の中からよみがえらされたように、わたしたちもまた、新しいいのちに生きるためである。もしわたしたちが、彼に結びついてその死の様《さま》にひとしくなるなら、さらに、彼の復活の様にもひとしくなるであろう。

（六章四、五節）

「新しいいのちに生きるためである」の原文は、「いのちの新しさに歩くためである」です。また死の「様」という字はない。原文は「死に等しく」です。ですから直訳《ちょくやく》すると、「彼の死に等しくあるのみでなく、彼の復活にも等しくあるであろう」となります。

わたしたちは、この事を知っている。わたしたちの内の古き人はキリストと共に十字架につけられた。それは、この罪のからだが滅《ほろ》び、わたしたちがもはや、罪の奴隷《どれい》となることがないためである。

（六章六節）

ここに書いてありますように、パウロにおけるところのバプテスマは、大死一番《たいしいちばん》、古い自分が十字架される、今までの自分に死に切るバプテスマでした。彼はダマスコ城外《じょうがい》において、天よりの光に撃《う》たれた時に、もう死んだ者のようになりました。

しかし、パウロはほんとうに復活して、生き生きとした大伝道者に打って変わった。すなわち、聖霊を注がれるという喜ばしい経験をした者は、もう一つ、キリストにならって受くべきバプテスマがある。それは、古い己《おのれ》に死ぬという「死のバプテスマ」です。

それは、ただ死ぬための死のバプテスマではない。復活のために古い自分に死ぬんです。新しく生きるためのバプテスマです。今までの肉なる自分に死に切って、神の恩恵《めぐみ》に歩むためには、どうしてもこの「死のバプテスマ――十字架」を経験することが必要です。

かくして私たちに、真の復生の境地が開けてきます。

この死生転換《てんかん》の経験を、パウロは「キリストの中へのバプテスマ」と呼《よ》んでいます。

長い間、西洋のキリスト教は、こういうところを本当の意味で読めなかった。残念な話です。神学者であるカルビンやバルトの書物でも読んでごらんなさい。彼らは、教会の水の洗礼《せんれい》で救われると思っている。

水の洗礼を受けたら、救われる力があるか。絶対に無い。しょせん水は水、儀式《ぎしき》は儀式です。

一つ御霊《みたま》のバプテスマ

六章四節に「生命《いのち》の新しさに歩く」と書いてあるが、ほんとうに私たちをして新しい生命に歩かせるようなバプテスマ、これは聖霊のバプテスマです。使徒行伝を読んだらよくわかる。

さらにパウロは、コリント前書一二章一二、一三節に、

「からだが一つであっても肢体《したい》は多くあり、また、からだのすべての肢体が多くあっても、からだは一つであるように、キリストの場合も同様である。なぜなら、わたしたちは皆、ユダヤ人もギリシア人も、奴隷《どれい》も自由人も、一つの御霊によって、一つのからだとなるようにバプテスマを受け、そして皆一つの御霊を飲んだからである」と書いています。

一つの御霊のバプテスマというものがあるんです。

ほんとうに一つ御霊を飲むバプテスマを受ける時に、一つのからだとなるような、一つのエクレシア（神に呼《よ》び出《だ》された者の群れ）が形成されるような、そのようなバプテスマがあるんです。これに浴さない限り、私たちは救われません。

「聖霊のバプテスマ、キリストの血汐《ちしお》にあずかるバプテスマによって救われる」と、ロマ書にはこんなに書いてある。

しかるに、どれだけ「ロマ書、ロマ書」と言って、今の神学校の学生たちが読み、また先生たちもったいぶって難《むずか》しく講義するけれど、何のことやらわからない。だから、誰《だれ》も救われない。講義する先生自身が経験を欠いで話しているからです。

罪に死んで神に生きる

聖霊のバプテスマによって、私たちは新しく生きることができるんです。新しい生命《いのち》がやって来なければ、どんなに努力しても罪から救われることはありません。そのためには、古い自分がキリストと共に十字架につけられて、死ぬ経験をしなければなりません。カトリックでは金の十字架を拝《おが》んだり、プロテスタントは代罰説《だいばつせつ》という教理の十字架を信じている。彼らは「イエス様が十字架にかかったから、そのおかげで救われた」と言います。

しかし、パウロが言っている十字架は違《ちが》います。

自分自身がキリストと共に十字架につけられる経験がある。すなわち、自分もキリストのように死ぬ。パウロは聖霊に圧倒《あっとう》されて、もう飲まず食わず、三日間真っ暗になるようなひどいバプテスマを通りました。そして生まれ変わった。これは聖霊のバプテスマです。キリストのバプテスマです。彼はその経験を知っているんです。

私たちお互《たが》い、多かれ少なかれ、そういう経験があったと思います。しかし、自分はまだこれを顕著《けんちょ》に体験していないという人があるかもしれません。だが、求めておるうちに、ほんとうにひっくり返されるようなバプテスマがあるものです。

この聖霊のバプテスマは恩寵《おんちょう》ですから、ある時突如《とつじょ》として臨《のぞ》むんです。だれ先生によって、かれ先生によってではないですよ。神の恩寵によって聖霊にバプテスマされるときに、打って変わった人間ができるんです。その時に罪から解放される。それを激《はげ》しく経験した人と、しない人では、まるっきり違《ちが》います。

それは、すでに死んだ者は、罪から解放されているからである。もしわたしたちが、キリストと共に死んだなら、また彼（キリスト）と共に生きることを信じる。（六章七、八節）

ここが大事です。

「すでに死んだ者は、罪から解放されている」とあります。古い自分に死んで、キリストと共に生き返るバプテスマ、死生の転換《てんかん》となるバプテスマがある。その時に、罪から解放される。これを経験したら、それ以前と、それ以後というものは、ほんとうに違います。神に背《そむ》くことをしなくなります。だが、そうはいうものの、全く背《そむ》かないかというと、それは人間ですから、失敗することもあります。しかし、概《がい》して言うならば、大きい転換《てんかん》というものが見えます。

なぜなら、キリストが死んだのは、ただ一度罪に対して死んだのであり、キリストが生きるのは、神に生きるのだからである。このように、あなたがた自身も、罪に対して死んだ者であり、キリスト・イエスにあって神に生きている者であることを、認《みと》むべきである。

（六章一〇、一一節）

「ひとたび罪に死ぬ」ということを、ここで言っている。罪に死んだら、神に生きることができる。これがパウロの言う、死生の転換となるバプテスマです。

古い律法《りっぽう》に縛《しば》られるな

ところで、なぜ人間は罪にもがくのか。

それについて、ロマ書七章では、罪は律法によって激発《げきはつ》されるということを言っています。罪は人間に潜在《せんざい》しているけれども、それが明るみに出て悶《もだ》え苦《くる》しむのは、律法によってである。

それで今度は、

「律法《りっぽう》から救われることがない限り、罪から救われることもない」ということを言おうとします。

　というのは、わたしたちが肉にあった時には、律法による罪の欲情《よくじょう》が、死のために実を結ばせようとして、わたしたちの肢体《したい》のうちに働いていた。しかし今は、わたしたちをつないでいたものに対して死んだので、わたしたちは律法から解放され、その結果、古い文字《もんじ》(聖書の律法)によってではなく、新しい霊によって仕えているのである。（七章五、六節）

律法というのは、旧約聖書に記された神の法です。当時の道徳律、社会的な掟《おきて》と言っていいでしょう。これに縛《しば》られておる間は、人間は自由を得ません。キリストは自由を与《あた》えるために、我らを律法から解き放たれた。だから古い道徳、古い律法に縛られるな。新しい神の霊によって生きるのだ。これがパウロの信仰です。

塚本虎二《つかもととらじ》先生との出会い

私たちは、原始福音の信仰をもって自由に振《ふ》る舞《ま》っています。

ところが、教会などに行っている人を見ると、教会だけにしか通用しない、つまらない掟に縛

塚本先生の回心

塚本先生は、福岡の炭鉱主でお金持ちの家のご子息でした。先生は一高の独文で一番、また東大の法科を一番で出て農商務省に入り、間もなく参事官になるという、秀才中《しゅうさいちゅう》の秀才でした。

当時、農商務大臣の下に次官がおりました。その次官を助けるのが参事官ですから、非常な権《けん》限《げん》をもっております。先生は、二十何歳《さい》かの若《わか》さでありながら、それこそ飛ぶ鳥を落とすような勢いで働いておられました。

塚本虎二先生の面影

けれども、どうも役人生活というものに飽《あ》き足《た》りない。宗教心が芽生えてくると、この世の仕事というものになじまなくなってくるものです。

学生時代から内村鑑三先生の門下に入っておられましたが、その頃《ころ》からギリシア語をコツコツと先生は独学で学んでおられました。

ところで、十日ほど前に、その妹さんからお手紙を頂《いただ》きました。

「どうぞ、兄のために祈ってください。九月一日がやってまいります」と書いてあります。

普通の人は九月一日といっても、ピンとこないかもしれません。

大正十二年(一九二三年)のその日、関東大震災《だいしんさい》がありました。

その頃《ころ》、塚本先生は役人を辞《や》めて鎌倉《かまくら》に住んでおられ、聖書の研究に生涯《しょうがい》を捧《ささ》げようとして勉強しておられた。ひどい大揺《おおゆ》れがしたので、いち早く家の中から飛び出してしまわれた。二階は落ちる、家はつぶれるという大地震《おおじしん》でした。自分は助かったと思って、家族はと見ると、奥さんは両脇《りょうわき》にまだ小さい嬢《じょう》ちゃんと坊《ぼっ》ちゃんを抱《かか》えたまま、二階から落ちてきた梁《はり》の下敷《したじ》きとなって即死《そくし》しておられた。そして助かったのが二人のお子さんでした。

その時、先生は大きなショックを受けたんです。

なんという情けない自分だろう。妻は子供《こども》二人を守るために両脇に抱えて亡《な》くなっている。自分は一家の主《あるじ》だのに、ひとり飛び出して助かったとは、なんとひどい男だろうかと思われた。その時に翻然《ほんぜん》と悔《く》い改《あらた》めて、そして一切《いっさい》の野心を捨《す》てて内村先生の玄関番《げんかんばん》になられた。

それまでは、東大出のインテリで、なかなか決心されませんでした。しかし、神に撃《う》たれた時に、目が覚められた。

禁酒という律法《りっぽう》からの解放

塚本先生から内村先生の話をよく聞いたものです。内村先生は、ご自分の集会の会員を選ばれるのに、なかなか厳《きび》しい基準をもっておられた。

「どうか、私を会員にしてください」と言っても、「そうか、君、一年間、『聖書之研究』誌《し》を読みたまえ。そして、一年後に来たまえ」と言うのが常です。そうやって、入会させるにはやかましい条件があるわけです。それをパスした人が入ってくる。

しかし、そのくらいしなければ、本当のクリスチャンは生まれません。

ここ代々木の集会でも少しは制限します。しかし、もう今は民主主義で時代が違《ちが》いますから、私のような考えはなかなか普通の人には受け入れられません。しかし、私はやっぱり神様のために本当のクリスチャンが生まれてこなければ、日本は立派《りっぱ》にならんと思うんです。

それで内村先生の尊《とうと》さというものがよくわかりました。すると、ますます内村先生に対する尊《そん》敬《けい》の念を深めたことがあります。

なんでこんな話になりましたかね。

ああそうだ、私が酒を飲むようになった動機をお話ししていたんでしたね（笑い）。私が尊敬《そんけい》する塚本先生もお飲みになる。私は大いに共鳴を感じたんです。だったら僕《ぼく》も少しぐらい……、などというような気になったわけです。そういうことが、自分を禁酒という律法《りっぽう》から解き放ったんです。それからというもの、ほんとうに楽になりました。

クリスチャンは禁酒でなければいけない、という立場を取る人がある。そして飲酒は罪だというが、律法に照らすと罪を感じるんです。禁酒などと言わなければ、大いに私も無邪気《むじゃき》に飲んでよかったはずです。しかし、律法が自分を苦しめる。

新しい神の御霊《みたま》によって生きる

ここに木村進君が来ていなさるけれども、面白《おもしろ》いことがありました。このかたが比叡山《ひえいざん》の超《ちょう》教派《きょうは》リバイバル聖会（一九五九年）に来なさった。そうしたら大変喜んで、

「自分は教会の牧師をしていますが、辞《や》めて、原始福音で生きます」と言う。しかし、私はＯＫと言わなかったんです。

「君は僕《ぼく》が飲んでいる杯《さかずき》を、飲めるか」

「はあ、どんな十字架でも、何でも」

「それじゃ、よし、今から一杯《いっぱい》飲もう」

「いや、それだけは……」(笑い)

「君、僕を先生と思うなら、僕は悪いことは勧《すす》めないのだから、どうね」

「いやあ、それだけは私は神に誓《ちか》っていることですから」

「ああそう。それじゃ、さよなら」と言ったんです。

それは、この人に、律法《りっぽう》に死ぬバプテスマが何であるかを教えたかったんです。そういう一幕があった。ね、木村君。

律法というものが人間をいじめる。わけても、ユダヤ教は律法的ですから、律法に縛《しば》られて気の毒にと思います。それだから、律法から解放されなければならない。

その律法から解放されるにはどうしたらよいか。

七章六節にありますように、新しい神の御霊《みたま》によって生きることです。


（一九六八年八月二十八日　①）

〔第一六講　ロマ書七章七～二五節〕

7それでは、わたしたちは、なんと言おうか。律法《りっぽう》は罪なのか。断じてそうではない。
しかし、律法によらなければ、わたしは罪を知らなかったであろう。すなわち、もし律
法が「むさぼるな」と言わなかったら、わたしはむさぼりなるものを知らなかったであ
ろう。8しかるに、罪は戒《いまし》めによって機会を捕《とら》え、わたしの内に働いて、あらゆるむさ
ぼりを起させた。すなわち、律法がなかったら、罪は死んでいるのである。
9わたしはかつては、律法なしに生きていたが、戒めが来るに及《およ》んで、罪は生き返り、
10わたしは死んだ。そして、いのちに導くべき戒めそのものが、かえってわたしを死に
導いて行くことがわかった。11なぜなら、罪は戒めによって機会を捕え、わたしを欺《あざむ》き、
戒めによってわたしを殺したからである。
12このようなわけで、律法そのものは聖なるものであり、戒めも聖であって、正しく、
かつ善《ぜん》なるものである。13では、善なるものが、わたしにとって死となったのか。断じ
てそうではない。それはむしろ、罪の罪たることが現れるための、罪のしわざである。
すなわち、罪は、戒めによって、はなはだしく悪性なものとなるために、善なるものに

よってわたしを死に至《いた》らせたのである。
14わたしたちは、律法《りっぽう》は霊的なものであると知っている。しかし、わたしは肉につけ
る者であって、罪の下《もと》に売られているのである。15わたしは自分のしていることが、わ
からない。なぜなら、わたしは自分の欲《ほっ》する事は行わず、かえって自分の憎《にく》む事をして
いるからである。16もし、自分の欲しない事をしているとすれば、わたしは律法が良い
ものであることを承認《しょうにん》していることになる。
17そこで、この事をしているのは、もはやわたしではなく、わたしの内に宿っている
罪である。18わたしの内に、すなわち、わたしの肉の内には、善《ぜん》なるものが宿っていな
いことを、わたしは知っている。なぜなら、善をしようとする意志は、自分にあるが、
それをする力がないからである。19すなわち、わたしの欲している善はしないで、欲し
ていない悪は、これを行っている。20もし、欲しないことをしているとすれば、それを
しているのは、もはやわたしではなく、わたしの内に宿っている罪である。
21そこで、善をしようと欲しているわたしに、悪がはいり込《こ》んでいるという法則があ
るのを見る。22すなわち、わたしは、内なる人としては神の律法を喜んでいるが、23わ
たしの肢体《したい》には別の律法があって、わたしの心の法則に対して戦いをいどみ、そして、

肢体《したい》に存在《そんざい》する罪の法則の中に、わたしをとりこにしているのを見る。
24わたしは、なんというみじめな人間なのだろう。だれが、この死のからだから、わ
たしを救ってくれるだろうか。25わたしたちの主イエス・キリストによって、神は感謝
すべきかな。このようにして、わたし自身は、心では神の律法《りっぽう》に仕えているが、肉では
罪の律法に仕えているのである。

〔ロマ書八章一、二節〕

1こういうわけで、今やキリスト・イエスにある者は罪に定められることがない。2
なぜなら、キリスト・イエスにあるいのちの御霊《みたま》の法則は、罪と死との法則からあなた
を解放したからである。

第一六講

人間に働く二つの力　ロマ書七章七節〜八章二節

第一四講で話しましたように、真面目《まじめ》なクリスチャンほど、律法《りっぽう》や道徳を守らなければならないと思っています。しかし、聖霊の喜びを知ると、もう律法に縛《しば》られなくなります。それならば、律法は罪なのか。この問題を、パウロは七章七節から論《ろん》じます。

律法がなければ罪はわからない

それでは、わたしたちは、なんと言おうか。律法は罪なのか。断じてそうではない。しかし、律法によらなければ、わたしは罪を知らなかったであろう。すなわち、もし律法が「むさぼるな」と言わなかったら、わたしはむさぼりなるものを知らなかったであろう。

（七章七節）

律法《りっぽう》が人間に罪意識を植えつけるのならば、律法は悪いものではないか、と思うでしょう。

ところがパウロは、

「断じてそうではない。律法が無ければ、私は罪を知らなかったであろう」と言って、罪を意識するのは律法のおかげだという。自分が正しいか、間違《まちが》っているかという判断は、律法という尺度《しゃくど》に照らさなければわからない。

すなわち、もし律法が「むさぼるな」と言わなかったら、私たちはむさぼりということを知らずに、もうガツガツ食べたい物を食べ、したい放題なことをするでしょう。

煩悩《ぼんのう》がなぜいけないか

しかるに、罪は戒《いまし》めによって機会を捕《とら》え、わたしの内に働いて、あらゆるむさぼりを起させた。すなわち、律法がなかったら、罪は死んでいるのである。（七章八節）

ここで「むさぼり」とあるギリシア語は、「επιθυμια《エピスュミア》 執念深《しゅうねんぶか》い欲情《よくじょう》」のことです。仏教の言葉を借りれば、煩悩、執着ですね。子煩悩や金への執着、または女に迷って煩悩を捨《す》てきれない、などというような意味の語です。

この煩悩《ぼんのう》ということが、なぜいけないか。

ある所に非常に子煩悩な人がおりました。その人は、「子供《こども》、子供」と言って子供が宝《たから》で、子供のことが頭から離《はな》れないいんですね。そして、それが良いことだと思っている。まあ母親はそうかもしれないけれども、男がそれではだめです。神様よりも子供のほうが大事ならば、どれだけ信仰したってわかりません。ほんとうに神様に愛されたら、すべてを捧《ささ》げても神様のために生きたいと思うほどの心が湧《わ》いてくるものです。

そのくらい神のために殉《じゅん》じる心をもっていなくては、信仰は本物になりません。

あるいは事業にでものめり込《こ》むと、「お金、お金」です。事業が煩悩になります。その時に、神様はアクセサリーにしかすぎなくなる。神様のために命を張ろうなんていうことはしませんね。そうでしょ。

これらは、目に見えるものをむさぼろうとする心です。そのことがどんなに神への信仰を妨《さまた》げるかわかりません。

しかし、煩悩から救われてみると、本当の意味で子供を愛することができます。神の愛で愛することができる。また、本当のことを教え、育てることができる。事業に対しても、神の立場から事業ができるようになる。全然違《ちが》う観点に立つと、成功します。結局は、信仰によって事業でも家庭でもみんな生きてくるんです。

それで、「むさぼるな」という律法《りっぽう》を知らなければ、むさぼりが罪であるということはわかりません。「律法が無かったら、罪は死んでいる」のです。罪が死ぬというのは、罪は全く無力であるというか、罪を覚えしめない、意識せしめないということですね。

聖書の「罪」という概念《がいねん》は、人間が何か悪いことをするとか、しないとかという罪ではありません。動詞《どうし》としての罪ではない。罪というものがあるんです。これが眠《ねむ》ったような状況《じょうきょう》にしているが、何かの時にがぜん目を覚ましだす。

たとえば、夏がやってくると、急にボウフラが湧《わ》きだします。それが、やがて蚊《か》になります。夏の暑さが来ない間は、ボウフラも湧きません。それと同じように、律法が無かったら、罪の意識も湧いてこない。

律法によっては救われない

わたしはかつては、律法なしに生きていたが、戒《いまし》めが来るに及《およ》んで、罪は生き返り、わたしは死んだ。そして、いのちに導くべき戒めそのものが、かえってわたしを死に導いて行くことがわかった。なぜなら、罪は戒めによって機会を捕《とら》え、わたしを欺《あざむ》き、戒めによってわたしを殺したからである。

（七章九～一一節）

ここに、「罪は律法《りっぽう》の戒《いまし》めによって機会を捕《とら》え、わたしを欺《あざむ》き、わたしを殺した」とあります
が、それはどういうことでしょうか。

戦前の学校では、修身という授業がありました。

「皆さん、修養努力をして立派《りっぱ》になりましょう」と言って、倫理《りんり》道徳を学校の先生は教えます。
しかし、修身の時間ほど眠《ねむ》たい授業はありませんでした。先生が言われるとおりにやろうと思っ
たら、苦しくてたまらない。たとえば、先生が言います、
「電車に乗ったら、若《わか》い学生は、老人や子供《こども》、女の人たちに席を譲《ゆず》りなさい」と。それで、
「はい」といって席を譲る。まあ、ちょっとならいいです。ところが、九州から東京までの長い
旅ということになると、それを立ちずくめで行ってごらんなさい。へとへとになって疲《つか》れます。

そうすると、道徳、倫理というものはいったい自分を幸福にするか、不幸にするか、わからな
くなります。

私は、三十歳《さい》くらいの時は会社の課長でした。三十二、三歳の時は社長になっていました。そ
れで、汽車でも一等車に乗る。その後、事業の一切《いっさい》を閉《と》じて、伝道に専念《せんねん》するようになりました。

各地に伝道などに行くときには、体も心も休めて静かに瞑想《めいそう》して行こうと思って、やはり一等車に乗っておりました。ところが、それを人が非難《ひなん》します。

自分は神様の尊《とうと》い仕事をするのだから、といって動機づけをしますが、律法《りっぽう》、道徳に照らしたら、そんな贅沢《ぜいたく》をするよりも、その金を人に分けてあげるべきだということになる。

また病人を世話したり、弱い人、不幸な人を大事にすることは、クリスチャンとしての義務だからといって、道徳的になると大変苦しい問題になります。何か慈善《じぜん》事業をすることが良いことになる。そうすると、いきおい律法的になります。

しかし、律法的に努力しても、魂は救われません。

らい病院で見たこと

昔、あるらい病院で出会った女医さんがおりました。その人はクリスチャンで、わざわざ発心《ほっしん》してらい病院の医者になられた。そうすると、皆がその人を尊いと思うんです。新聞にも書かれたりしました。だが、実際にその人に会ってみると、冷たい人でした。

その一方、らい病院ではたくさんの人が働いていました。私は、汚《よご》れた仕事をする雑役《ざつえき》の人に感心して、

「あなたは尊《とうと》いですね」と言いましたら、「何が尊いですか。飯が食えないからここで働いているんですよ」と言います。自分が尊いなんていう意識はないんですね。女医さんが、らい病院に一生を捧《ささ》げたんだというプライドをもっているのと対照的でした。彼女は自分の行ないを義としている。ところがこの雑役《ざつえき》をしている人が、入所している病人たちから慕《した》われ、実に人気があるんです。誰《だれ》に愛があるかは、自《おの》ずとわかるんですね。そうなると、どうなのか。

それでパウロは、律法《りっぽう》が自分を欺《あざむ》くと言うんです。律法を行なったら立派《りっぱ》になるというけれども、立派にならない。むしろ欺かれるという結果を感ずる。人間は、どれだけ律法的な信仰の修《しゅ》行《ぎょう》をしたって救われないんです。

人間は良きものである

このようなわけで、律法そのものは聖なるものであり、戒《いまし》めも聖であって、正しく、かつ善《ぜん》なるものである。では、善なるものが、わたしにとって死となったのか。断じてそうではない。それはむしろ、罪の罪たることが現れるための、罪のしわざである。すなわち、罪は、戒めによって、はなはだしく悪性なものとなるために、善なるものによってわたしを死に至《いた》

らせたのである。（七章一二、一三節）

律法《りっぽう》や道徳そのものは、聖なるものであり、善《ぜん》なるもの、良きものです。ただ律法は、何が善か悪かを計る、一つの尺度《しゃくど》なんですね。律法という尺度に照らした時に、自分の罪が意識されるから苦しむんです。本当は罪が悪いんです。太陽の光がささないジメジメした所には、うじ虫が湧《わ》きます。そのように、罪の温床《おんしょう》というか、律法の下《もと》にある時には罪の意識が非常に強くて、立派《りっぱ》になろうとしながら立派にならず、どうしても神に背《そむ》くことを行なってしまう。律法が悪いんじゃない。律法は人間がいかに罪深いかということを教えてくれるものなんです。

だが、ここで問題があります。それでは人間は悪なのか？

聖書においては、人間は生まれながらに悪だとは思っておりません。

神様が人間を造られた時に、

「それは、はなはだ良かった」（創世記《そうせいき》一章三一節）と書いてあります。人間はほんとうに良きものです。その良い人間がどうして悪くなるか。それは罪が芽生えるからです。

人間が罪を犯《おか》すんじゃないんですよ。多くの人は人間が罪を犯すと思っています。そうではなく、罪が人間から芽生えてくる。これがいけないんです。

聖書の考えと、今のキリスト教の考えは、ずいぶん違《ちが》います。

神様が人間を造りたもうた時には、はなはだ良いと思われた。しかし時が経《た》つと、人を創造《そうぞう》されたことを悔《く》いて、大洪水《だいこうずい》をもって滅《ほろ》ぼそうとされたと創世記に書いてあります。

「主は人の悪が地にはびこり、すべてその心に思いはかること(イェツェル)が、いつも悪い事ばかりであるのを見られた。主は地の上に人を造ったのを悔いて、心を痛《いた》め、『わたしが創造した人を地のおもてからぬぐい去ろう。人も獣《けもの》も、這《は》うものも、空の鳥までも。わたしは、これらを造ったことを悔いる』と言われた」

(創世記六章五〜七節)

どうして神様がすべてを地上から拭《ぬぐ》い去《さ》ろうとされたかというと、人間の心に思いはかることがいつも悪かったからだとあります。この「思いはかること」と訳《やく》された原文は、ヘブライ語で「יצר《イェツェル》　衝動《しょうどう》」という語です。

人間が悪いんじゃない。人間の胸《むね》の中に湧《わ》く意識が、魂の奥底《おくそこ》から突《つ》き上《あ》げてくる衝動が悪いんです。この罪の衝動は、人間が無邪気《むじゃき》な時は無かったけれども、社会的な倫理《りんり》や律法《りっぽう》といったようなものに触《ふ》れると、これが強まってくるんです。そして、苦しむのは人間です。罪を犯《おか》すまいとしても犯す。こういう矛盾《むじゅん》に悩《なや》むわけです。

自分を牛耳《ぎゅうじ》っているもの

わたしたちは、律法《りっぽう》は霊的なものであると知っている。しかし、わたしは肉につける者であって、罪の下《もと》に売られているのである。わたしは自分のしていることが、わからない。なぜなら、わたしは自分の欲《ほっ》する事は行わず、かえって自分の憎《にく》む事をしているからである。

（七章一四、一五節）

パウロはここで、「私は売られている」と言います。何に売られているかというと、自分は肉につける者であって、罪の下に売られている。奴隷《どれい》が売られるように、罪の支配下に売られているのだ、と。

パウロが言いたいのは、自分を牛耳っているものがあるのだ、ということです。

それは何なのかというと、罪である。罪が芽生えだしたら、この立派《りっぱ》な器《うつわ》はぶどう酒を入れる甕《かめ》になるはずでしたのに、排泄物《はいせつぶつ》を入れる肥担桶《こえたご》にしかならん。うじ虫しか湧《わ》かないからです。

そのように、自分は罪の下《もと》に売られているのである。

この七章一四節以下が、昔から議論《ぎろん》の分かれるところでして、いろいろな学者や説教家がこの箇所《かしょ》を引用して、どうだ、こうだと言います。それは、「私は罪の下に売られている」なんて、おかしいじゃないか。パウロは今まで、「救われている」と言いながら、なぜここから急に「私は罪に売られている」などと言うのか、ということですね。

これは、パウロが神に捉《とら》えられて回心する以前のことか、回心以後のことを言っているのか。この問題は、後のほうでまた出てきますので、そこでお話しします。

天国の秩序《ちつじょ》ということ

もし、自分の欲《ほっ》しない事をしているとすれば、わたしは律法《りっぽう》が良いものであることを承《しょう》認《にん》していることになる。そこで、この事をしているのは、もはやわたしではなく、わたしの内に宿っている罪である。わたしの内に、すなわち、わたしの肉の内には、善《ぜん》なるものが宿っていないことを、わたしは知っている。なぜなら、善をしようとする意志は、自分にあるが、それをする力がないからである。

（七章一六〜一八節）

パウロは、「わたしは自分のしていることが、わからない。なぜなら、わたしは自分の欲《ほっ》する事は行わず、かえって自分の憎《にく》む事をしているからである」(七章一五節)と言って、罪なるものが自分の中に巣くって、それが自分を操《あやつ》ることを感じている。この罪という力は、人間が自由にできるようなものではありません。

たとえばこの間、青年たちを連れて伊豆《いず》の浮山《うきやま》に海水浴に行きました。水泳に行くのに風呂場《ふろば》で着替《きが》えをします。洗面場《せんめんじょう》の棚《たな》の上に、私の歯ブラシなどが置いてあります。ところが、A君という大学も出ている立派《りっぱ》な青年が、その歯ブラシの上に自分の汚《よご》れたパンツを置いているんです。

私は非常に怒《おこ》った。家内は、

「いいじゃないですか、若《わか》いんですもの」と言います。

いや、いけない。これは善悪《ぜんあく》のことじゃない。天国においては、これは重大な問題になるんです。置くべき所にちゃんと置くということができない者は、天国に入れませんよ。なんぼなんでも、自分の汚れたパンツを、私の歯ブラシの上に置くということがあるか、と言うんです。

こういうことは、「若いから」ではすみません。それで彼を叱《しか》ると、

「今後はしません」と言いますが、今後そのことを一つしないだけではいけないんです。

ものというものは、その用法を満たすということが大事です。歯ブラシは歯ブラシとして用いる。また、パンツが何であるかをわきまえて、それを置くべき場所に置く。

同様に、自分をほんとうに尊《とうと》んでいる人間は、自分を粗末《そまつ》にしません。神聖な自分を汚《けが》すことはしません。

このことは、普通の人には小さいことと思われるでしょう。しかし、そうじゃないんです。何か根本的な間違《まちが》いがある。このことは私にとっては重大なことです。

待てよ、この人の魂の構造はどうなんだ。彼は、

「いや、つい知らずにやりました」と言う。それは、つい知らずにさせるところのものがあるんです。そこが問題です。

天国というのは秩序《ちつじょ》の世界でして、混乱《こんらん》しません。混乱はどこからくるかというと、用いるべきものを逆に用いるために混乱が起こるんです。用法を誤《あやま》る、これは大変な混乱です。すべての悪、混乱はそこからくる。これは倫理《りんり》道徳ではありません。

「先生、ごめんなさい」と言うから、

「許す。そのことはいい。しかしこれは、おまえの存在《そんざい》自体に問題がある」と私は見るんです。

こんなことは一緒《いっしょ》に生活してみないとわかりません。それで、この人にどうやってあげたら立《りっ》

派《ぱ》になるかなあ、というようなことを考えさせられるわけです。

人間の根底から働きかけてくる力

すなわち、わたしの欲《ほっ》している善《ぜん》はしないで、欲していない悪は、これを行っている。もし、欲しないことをしているとすれば、それをしているのは、もはやわたしではなく、わたしの内に宿っている罪である。そこで、善をしようと欲しているわたしに、悪がはいり込《こ》んでいるという法則があるのを見る。（七章一九～二一節）

問題は、人の心の深いところから始まるんです。なぜなら、善をしようとする意志は自分にあるのに、それをする力がない。むしろ、欲していない悪を行なってしまう。それは、自分の中に悪が入り込んで宿っているからだ、とパウロは言います。

これは、どういうことでしょう。これは、パウロが回心する以前の状態だったと読むことができます。さらに先を読んでみると、次のように書いてあります。

すなわち、わたしは、内なる人としては神の律法《りっぽう》を喜んでいるが、わたしの肢体《したい》には別の律法《りっぽう》があって、わたしの心の法則に対して戦いをいどみ、そして、肢体《したい》に存在《そんざい》する罪の法則の中に、わたしをとりこにしているのを見る。（七章二二、二三節）

自分は良いことをしようと思っているけれども、できない。自分の体の中には神様を喜ぶ心と、その良き心に戦いを挑《いど》んでくるものがあって、罪の中に自分をとりこにしてしまう。つまり、人間の心には、二つの法則が働いているということです。法則が働くというのは、力が働いていることを指します。パウロは、自分ではどうにもならないこの罪の力にほんとうに悩《なや》みました。

何度も言いましたが、罪というのは実存的《じつぞんてき》なものなんですね。この罪の力、罪の法則に捉《とら》えられてしまうと、もう神に背《そむ》くことしかしなくなる。人間の根底から働きかけてくる、恐《おそ》ろしい悪《あく》魔的《まてき》な力があるんです。

罪を感じることなくして救いはない

私たちも魂の底を見ると、なんと悪い奴《やつ》だろうと思う。こんなにも悪いものが魂に巣くい、芽生える自分。どれほど努力したって、どうにも救われるものじゃない。

それならば、どうしたらいいいか。

「ああ、悩《なや》める者なるかな、神様、どうか助けてください！」と言って、全身あげて祈らなければ、人間は変われません。自分の胸《むね》の中に湧《わ》いてくるこの汚《きたな》いもの、これをほんとうに除《のぞ》いてください！　と、罪を根本的に拭《ぬぐ》い去《さ》ろうとする気が起きるまでは、なかなか信仰は本物になりません。

この世に生きる不安から救われたいとか、病気から救われたいとか、または地上の栄誉《えいよ》を得たい、あるいはこの世が厭《いと》わしいから、といったような気持ちでは、本当の信仰にならんですね。

「神様、自分は根底から清められて、罪を拭い去っていただかなければだめです」と言いだすときに、聖霊が働きます。そして悪の力、罪を抑《おさ》えて、聖霊が私たちを引き回すようになります。

自分を甘《あま》やかしている程度のことでは、まだ本当の信仰ではありません。

自分に行《ゆ》き詰《づ》まって、こんな悪い自分、ごまかしの自分に愛想《あいそ》が尽《つ》きて、「神様！」と叫《さけ》んでこそ、主の御霊《みたま》が働きはじめたもうですね。

罪をほんとうに感じることなくして、本当の救いにも至《いた》りません。

だからといって罪を犯《おか》してもいいんじゃないですよ。問題は、人間の魂の奥底《おくそこ》がどうなんだということです。

回心前のパウロ

わたしは、なんというみじめな人間なのだろう。だれが、この死のからだから、わたしを救ってくれるだろうか。わたしたちの主イエス・キリストによって、神は感謝すべきかな。このようにして、わたし自身は、心では神の律法《りっぽう》に仕えているが、肉では罪の律法に仕えているのである。

こういうわけで、今やキリスト・イエスにある者は罪に定められることがない。なぜなら、キリスト・イエスにあるいのちの御霊《みたま》の法則は、罪と死との法則からあなたを解放したからである。（七章二四節～八章二節）

一四節のところでも触《ふ》れましたが、ここでずっと言っていることは、回心前のパウロがどんなに惨《みじ》めであったかということです。

回心する前の彼が、そのまま続いておったら、律法に縛《しば》られてどんなに苦しんだでしょう。善《ぜん》をなそうと思うけれども、なすことができない。そして、したくないことを、ついしでかしてしまう自分。こういう姿《すがた》に悩《なや》んで、

「ああ、なんという惨《みじ》めな人間なのだろう」と言っています。

しかし、キリスト・イエスに捉《とら》えられて、御霊《みたま》の法則がグワーッと自分に働いて罪にブレーキをかけてくるようになってから、パウロはほんとうに救われた。

それで、この七章の終わりから八章の初めにかけての聖句の意味は、「神の霊の力が自分を圧倒《あっとう》してくるようになったから、罪の力が抑《おさ》えられて、ああ、よかったなあ、神は感謝すべきかな！」ということですね。初代教会の教父たちは、そのように解釈《かいしゃく》し、私たちの経験もそうです。

パウロは救われていなかったのか

ところが、この聖句が、

「私はなんと惨めであろう。私は罪に売られている」などと、ギリシア語の現在形で書いてあるから困《こま》るんです。それで、

「現在、パウロは救われていないのではないか」といって、議論《ぎろん》が起きるわけです。ルーテルでも、カトリックでも、そう思うんです。

だから、人間は天国に行ってから救われるのであって、今、地上においては、十字架のお蔭《かげ》で

救いの約束は受けている。しかしまだ救いには至《いた》っていない。――こういう考え方が多いんです。

今のプロテスタントの神学でも、

「パウロは救われたと言うが、やっぱり救われていなかった。皆、人間は罪人である。ここを読んでみたら、パウロは立派《りっぱ》な近代人だ。パウロの悩《なや》みを見ると、精神分裂《ぶんれつ》している近代人の姿《すがた》をしのぶことができる」などと、まことしやかに書くんです。またそれを読んで、

「そうだ、そうだ」と共鳴する。ばかばかしいなあと思うけれども、今のキリスト教にはそんなのが大っぴらに流行している。

だが、それだったら、この七章の終わりから八章の初めにかけて、

「ああ、私は感謝だ、救われた。この惨《みじ》めな自分が救われた」と、パウロが叫《さけ》んでおりますことと抵触《ていしょく》するではないか。こういう場合は、他の書簡《しょかん》でパウロがどう言っているかを見ることが大事です。たとえばガラテヤ書などを読んでみると、

「キリストにあって義とされることを願いながら、わたしたち自身が罪人として見出《みいだ》されるならば、キリストは罪の役者《えきしゃ》であるか、断じてそうではない」(ガラテヤ書二章一七節 直訳《ちょくやく》)と言っているではないですか。

霊的な人間には、このロマ書七章の箇所《かしょ》が、回心前のこと、回心後のこととして、区別してよ

くわかるんです。けれども、聖霊による回心経験がない人には、これがはっきりせず、どうなのかがわからない。

歴史的現在形で書く

また、パウロが現在形で書いているといっても、それは、必ずしも現在のことだけを言っているわけではありません。過去にあったことであっても、現在形で書くことがあるんです。「私はどこそこに行きました。誰《だれ》さんに会いました。何々をしました、かにをしました……」と、過去形ばかりで書いた文章は読みづらいです。しかし、「私はどこそこに行きました。その時に、突然《とつぜん》彼女が現れてやって来るではないですか……」というように現在形になると、それを読む人は、ありありと臨場感《りんじょうかん》をもって読まされます。

聖書は、しばしば歴史的現在といって、現在形で書く場合があります。過去のことを、現在形で書くことによって、生き生きとした描写《びょうしゃ》ができるからです。日本語でもそうです。

パウロの気持ちを思う

それならば、ここをどう説明しましょうか。

パウロは、自分を代表的な人間の一人として書いているのではないか、「人間というものは罪に売られている、自分も例外ではない。だが、感謝すべきかな。キリストによって、自分はその罪に染《そ》まった状況《じょうきょう》から解放されたのだ」と。

しかしながら、回心前と回心後に、きちんと分けるというのも、どうかと思います。

確かにコンバージョン(回心)の前と後では画然と分かれますが、現在の自分というのは、過去から引《ひ》き継《つ》いだ自分です。また、未来はまだ十分に来ておりません。そういう意味で、回心を境に歴然とは分かれますが、いつ回心状況を失って元の肉に戻《もど》るかわかりません。パウロはそういう気持ちでおる、と私は思います。

信仰は年数によらないとは言いますが、真面目《まじめ》に信仰すれば、やっぱり年数が経《た》つほどに立派《りっぱ》な信仰的人格を築いてゆくものです。きっかけはコンバージョンですけれど。

昔と違《ちが》って、ほんとうに神に従《したが》って生きて、神の御心《みこころ》に沿《そ》うようにして生きられる自分というものを感謝します。とはいえ、絶対に神に背《そむ》かぬとは言えません。神様が、「おまえはこのことについては、こうだよ。そのような場合には、こうしなさい」と教えたものことがあるんです。けれども、つい私が、それを聞かずにやってしまうことがある。神様が、あんなに私を戒《いまし》めたもうたにもかかわらず、やっぱり肉の情が出てくる。後で、しまったと思う。

その時、自分が一つの衝動《しょうどう》というものにかられて、ついやってしまう。そういうことを見ると、罪というものは恐《おそ》ろしいものだなと思います。

次のロマ書八章において、パウロは本当の救いということを説いてゆきます。

（一九六八年八月二十八日　②）

編者あとがき

手島郁郎先生は、「パウロは、多くのユダヤ人たちがキリストの福音を恥《は》じる時に、大胆《だいたん》に『わたしは福音を恥としない』と言い切りました。普通のユダヤ人から除《の》け者《もの》にされて、アウトサイダーであることをあえて辞さなかった」と、語っておられます。

ナザレのイエスに宿った御霊《みたま》は神であった。十字架に惨殺《ざんさつ》され、血を流した者が神であったなどと信仰告白することは、まるで気違《きちが》い沙汰《ざた》。ユダヤ人でなくとも、誰《だれ》しもがためらい、恥ずるところです。しかし、ダマスコ城外《じょうがい》で復活のキリストにまざまざと出会う経験をしたパウロにとっては、イエス・キリストこそは神であった。このキリスト以外に神を知らぬと言っています。だからこそ彼は、

「聖霊によらなければ、だれも『イエスは主（神）である』と言うことができない」（コリント前書一二章三節）と言えたのでしょう。

当時、キリスト・イエスについての直弟子《じきでし》たちの伝聞や、イエスの残されたロギア（語録）の断《だん》

片《ぺん》は伝わってはいました。だが、まだ「新約聖書」というものは存在《そんざい》しませんでした。パウロの回心は紀元三七年頃《ごろ》のことですから、最初に編まれた『マルコ伝福音書』が世に出る(紀元七〇年頃)およそ三十年も以前のことです。

このパウロの活躍《かつやく》があって、キリストの福音の基礎《きそ》が据《す》えられたわけです。それだけに、パウロの復活のキリスト体験、彼が伝えようとした福音の内容が何であったか、これを学ぶことは、福音書や使徒行伝を学ぶと共に非常に大事なことと思います。

この『ロマ書講話』は、一九六八年四月から六九年一月にかけて、東京・代々木幕屋で信仰の要点を重点的に語られたものの筆記です。手島先生は、まず最初に「ロマ書で、パウロは『福音とは、信ずるすべての者に救いを得させる神の力である』と言いましたが、福音とは、神の力を内容とするものであって、力を欠いだら福音ではない」と断言されました。

そして、「このロマ書は、福音の本質を最も明瞭《めいりょう》に示した書として有名だが、これを読み間違《まちが》うと、すべて信仰が狂《くる》ってくる。宗教というものは直接体験の世界であって、経験しない者が、ある種の概念《がいねん》や憶測《おくそく》で聖書を読もうとするから、とんでもない的外れの解釈《かいしゃく》になる」と言って、

編者あとがき

現今の神学者たちが、パウロのもっていた実体をもたずに、言葉だけで信仰しているから弱々しい、と批判《ひはん》されます。また「『信仰による義人は生きる』とあるように、信仰は生きること、行なうことである」と、「信行一如《しんこういちにょ》」を教えてくださいました。

先生の「罪」や「死」に対する捉《とら》え方《かた》は実存的《じつぞんてき》で、霊の世界をありありと知る先生ならではの解釈《かいしゃく》は、今のキリスト教の解釈とは全く違《ちが》います。先生は、ギリシア語原典から読んでおられますが、読者の読みやすいように、大事と思われる箇所《かしょ》以外はギリシア語の説明を外しました。

なおこの講話は、伝道を志す者たちのゼミナールで語られたもので、若《わか》い人たちの理解の助けとなるように、随所《ずいしょ》に注をつけました。また、各講の前には、ロマ書の本文を入れました。

編集にあたって協力してくださった、奥田英雄《ひでお》兄、藤原豊樹《とよき》兄、読みやすく纏《まと》めてくださった伊藤正明兄に衷心《ちゅうしん》から感謝申し上げます。

二〇一六年十二月

編集責任　疋田久仁雄

ロマ書講話　上巻　定価 2500 円（本体2273円）

2016 年 12 月 25 日　初版発行

講述者　手島郁郎

発行　手島郁郎文庫

〒158-0087 東京都世田谷区玉堤 1-13-7

電話 03-6432-2050

FAX 03-6432-2051

郵便振替 01730-6-132614

印刷・製本　三秀舎

ISBN 978-4-89606-032-4